SECRETS DE CUISINE

Pâtes & nouilles

FLEURUS
www.editionsfleurus.com

Sommaire

Avant-propos

Plus qu'un livre de cuisine, vous avez entre les mains un véritable cours de cuisine illustré, une leçon particulière avec un chef pour vous guider tout au long de la réalisation des recettes.

Vous prononcez le mot « pâtes » et vous voilà immédiatement en Italie, où leur confection est une tradition ancestrale dans chaque famille. Mais comme nous n'avons pas tous la chance d'avoir une grand-mère italienne pour nous expliquer les subtilités des fettuccine, ravioli, lasagnes et autres pâtes, cet ouvrage est, en quelque sorte, une *mamma* de substitution. Vous y trouverez des conseils très simples pour apprendre à confectionner et à cuire les grands classiques des pâtes accompagnées de sauces dûment concoctées. Vous y découvrirez également des recettes de nouilles asiatiques et de farinages, comme celles de pad thaï et de wonton.

Dans cet ouvrage complet sur les pâtes, les nouilles et les farinages, vous découvrirez tout d'abord un bref historique, ainsi qu'un aperçu des différents types de pâtes et des ingrédients qui les composent. Vous trouverez également les grands principes présidant à la cuisson et au service des pâtes. Vous vous initierez ensuite à la confection des pâtes grâce à trois recettes de base complétées d'une recette de sauce blanche « tous usages ». Riche en explications claires et détaillées ainsi qu'en photographies, le chapitre consacré aux techniques de fabrication vous permettra de maîtriser la préparation des pâtes, qu'il s'agisse d'abaisser la pâte fraîche, de découper les fettuccine ou de peler, épépiner et concasser les tomates. Enfin, chacun des trois derniers chapitres est consacré aux recettes classées par catégories de pâtes : les pâtes fraîches (dont les ravioli et les lasagnes), les pâtes sèches, et enfin les nouilles et les farinages.

L'univers des pâtes est vaste : offrez-vous le luxe d'un guide détaillé.

Des recettes de pâtes

Les pâtes : existe-t-il un produit qui fait plus l'unanimité ? Rapides à cuire, délicieuses avec la plus simple des sauces, appréciées de tous, reconnues pour leurs vertus nutritionnelles... elles ont toutes les qualités. Mais cette simplicité n'exclut pas pour autant l'acquisition d'un certain savoir-faire. Apprenez à les confectionner, à les cuire idéalement et à les accommoder avec des ingrédients bien choisis, et vous pourrez ainsi les servir en toute occasion.

Apprendre à cuisiner des pâtes est comme tout nouvel apprentissage : rien ne remplace la confiance acquise par la pratique. Cet ouvrage est précisément conçu dans cet esprit. Chaque chapitre commence par une ou plusieurs recettes classiques, autour desquelles il s'articule pour vous accompagner pas à pas. Il est indispensable de débuter par cette recette « pédagogique » pour vous initier à la grande tradition de la confection des pâtes.

Au début, la réalisation d'une recette peut prendre plus de temps que vous ne le pensiez, ou donner un résultat différent de ce que vous attendiez. Ne vous découragez pas, la fois suivante, la même recette vous paraîtra plus facile et plus rapide à réaliser.

Une fois que vous maîtriserez les bases, essayez une autre recette du même chapitre pour compléter vos nouveaux acquis. Grâce aux photos illustrant les étapes plus complexes, vous pourrez acquérir toujours plus de savoir-faire et vous prendrez confiance en vous. Les variantes, quant à elles, sont autant de moyens d'élargir encore vos connaissances. Par exemple, une fois que la préparation des ravioli au bœuf (p. 67) n'aura plus de secret pour vous, vous aurez tous les atouts en main pour farcir ces délicieux disques de fromage, de champignons, de courge, de poulet, de chair à saucisse ou de fruits de mer (p. 72-73). Ces variantes vous sont proposées tout au long du livre.

Enfin, pour tout savoir sur les ustensiles et le matériel nécessaires à la réalisation de ces recettes, reportez-vous pp. 132-135.

Les types de pâtes

Vous découvrirez toute la diversité des pâtes dans les pages suivantes : spaghetti directement mélangés dans la poêle avec de la pancetta et une sauce carbonara (p. 102), rubans de pâte fraîche aux œufs agrémentés d'une sauce Alfredo crémeuse (p. 55), ou pad thaï relevé aux nouilles de riz et aux crevettes (p. 126). Laissez-vous guider !

Un bref historique

Italiennes ou chinoises ? Si la découverte des pâtes est communément attribuée à Marco Polo qui les aurait rapportées de son périple en Chine, à la fin du XIIIe siècle, certains historiens s'accordent à dire que les Italiens et les Chinois ont appris à les confectionner et à les faire cuire dès l'Antiquité. On doit leur introduction en France au XVIe siècle, à Catherine de Médicis venue pour épouser Henri II : elles devinrent alors très vite populaires, notamment en Alsace et en Provence. La recette de base des pâtes est si simple qu'il est parfaitement vraisemblable qu'elle ait été réalisée en divers points du globe à des époques très proches : de la farine et de l'eau (parfois des œufs), pétries en une pâte ensuite abaissée et découpée en diverses formes. Et pourtant, préparées avec soin et enrobées d'une sauce judicieusement choisie, les pâtes et les nouilles donnent des plats aussi universels que subtils.

Depuis, pratiquement tous les pays du monde incluent au moins un type de pâtes dans leur répertoire gastronomique, mais les Italiens, qui leur accordent une place centrale à leur table, continuent d'en revendiquer fièrement la paternité. Au cours des siècles, les *maccheronari*, les spécialistes des pâtes, leur ont attribué des noms pleins de fantaisie et de poésie, inspirés aussi bien de la nature, du corps humain, de la vie quotidienne que d'événements historiques : *farfalle* (papillons), *orecchiette* (petites oreilles), *linguine* (petites langues), etc., font désormais partie de notre vocabulaire courant et… gourmand.

En Occident, le terme « nouille » désigne des pâtes plates et plutôt étroites et tend à s'effacer devant les diktats de la mode, tant le mot « pâtes » est devenu inséparable des traditions culinaires italiennes. L'appellation « nouilles » subsiste cependant dans la cuisine asiatique. C'est cette distinction que nous avons retenue dans cet ouvrage : le pad thaï (p. 126) et la recette de nouilles soba (p. 117) figurent ainsi dans le chapitre sur les nouilles et les farinages. C'est également là que vous trouverez les gnocchis et les wonton.

Les traditions italiennes

Si l'on peut considérer qu'une belle assiettée de fettuccine Alfredo (p. 55) est un plat complet, en Italie; les pâtes ne sont souvent que l'équivalent d'une entrée : les spaghetti carbonara (p. 102) figurent en *primo piatto* (premier plat) sur le menu, et non en plat principal.
Par ailleurs, les Italiens divisent les pâtes en deux catégories : les *pasta fresca* (pâtes fraîches), composées de farine et d'œufs,

et les *pasta secca* (pâtes sèches), faites de farine et d'eau. La tradition des pâtes fraîches vient du nord de l'Italie, région agricole plus fertile que le Sud, où les œufs ne manquaient jamais. Les sauces destinées aux pâtes contiennent souvent du beurre, de la crème et du fromage, produits également issus des régions septentrionales du pays.

Dans le Sud de l'Italie, les pâtes sèches sont historiquement plus « populaires », car les œufs y étaient plus rares, mais également parce que les brises marines fraîches et la chaleur méditerranéenne favorisaient le séchage des pâtes. Ce climat particulièrement propice à la culture des oliviers et des tomates a naturellement entraîné la création de nombreuses sauces à base de tomate et d'olive.

Pâtes fraîches

La pâte pour pâtes fraîches contient peu d'ingrédients : de la farine, des œufs, et parfois de l'huile d'olive. Une grand-mère italienne, une *nonna,* debout devant un plan de travail fariné et armée d'un fin rouleau à pâtisserie, s'apprête forcément à fabriquer des pâtes fraîches qu'elle découpera à la main. Autre époque, autre matériel : le robot et le laminoir vous permettent de réaliser des pâtes tout aussi délicieuses…

Le plus souvent, la pâte fraîche se découpe en fins rubans, les fettuccine, mais les rubans plus larges comme les tagliatelle et pappardelle sont également courants. La pâte fraîche aux œufs se découpe par ailleurs en plaques rectilignes ou dentelées pour les lasagnes, ou en petits carrés à farcir et à façonner en ravioli et en tortellini.

Il existe également des pâtes fraîches, à base d'un mélange de farine de blé, de farine de semoule de blé dur (semoule remoulue) au grain moins fin que celui de la farine de blé ordinaire, de sel et d'eau. Cette pâte, populaire dans le sud de l'Italie, sert notamment à confectionner les orecchiette et cavatelli (pp. 26, 34 et 35).

Pâtes sèches

La fermeté et l'élasticité des pâtes sèches proviennent de la farine employée : une mouture de semoule de blé dur *(durum)* à haute teneur en gluten, à laquelle ces pâtes doivent leur couleur dorée.

Découpées en lanières ou de diverses formes, les pâtes sèches comprennent, entre autres, les spaghetti, les linguine et les penne. Ces produits de base de la cuisine italienne sont servis sur

les tables du monde entier, qu'il s'agisse des spaghetti aux *polpetti* (p. 87) ou des linguine à la sauce aux coques (p. 99). Pour obtenir d'excellentes pâtes, préférez celles des fabricants italiens, qui découpent et façonnent leurs pâtes à l'aide de plaques (filières) en bronze et non en plastique.

Autres traditions

Traditionnellement, on sert les pâtes sèches avec des sauces à l'huile d'olive et les pâtes fraîches avec des sauces crémeuses. Quant au parmesan, il n'est pas d'usage de le servir avec une sauce au poisson ou aux fruits de mer. Les puristes refusent par ailleurs tout fromage, lorsque la sauce est à base de gibier ou de champignons.

Le piment en poudre est de même à éviter avec du parmesan et encore davantage avec du poivre. N'oubliez jamais qu'une sauce ne doit pas l'emporter sur le goût des pâtes elles-mêmes. Pour plus d'informations sur l'accord entre les pâtes et les sauces, reportez-vous p. 18-19.

Leur texture est ainsi légèrement rugueuse et parfaite pour retenir la sauce.

On trouve également des pâtes sèches aux œufs. Souvent étiquetées « pâtes aux œufs », elles sont meilleures enroulées en nids, et leur saveur est plus subtile que celle des pâtes fraîches aux œufs.

Farinages

Les recettes de farinages se déclinent dans le monde entier : spätzle allemands, knödel autrichiens et autres gyoza japonais…

Proches parents des pâtes, les farinages prennent des formes diverses. Les gnocchi, grand classique italien, sont faits d'une purée de pommes de terre à la farine. Leur pâte ressemble fortement à celle, plus traditionnelle, des pâtes au blé. Façonnés en boulettes oblongues et cuits à l'eau, ils sont souvent accommodés avec les mêmes sauces que les pâtes.

Les wonton chinois, quant à eux, sont des disques de pâte à la farine de blé farcis de diverses garnitures, comme du porc haché, puis poêlés et enfin cuits à la vapeur. On les mange simplement trempées dans une sauce d'accompagnement présentée à part.

Nouilles

Les nouilles sont, elles aussi, appréciées de par le monde. Le terme désigne tout type de pâtes longues, en forme de ruban à base de différentes farines particulièrement lorsqu'elles sont fraîches.
Bien que les nouilles fraîches aux œufs soient également très présentes dans les traditions culinaires notamment d'Allemagne et d'Europe de l'Est, les recettes de nouilles proposées dans ce livre sont toutes des adaptations de plats traditionnels asiatiques.
Ces recettes incluent des nouilles soba japonaises à la farine de sarrasin, servies froides avec une sauce d'accompagnement (p. 117), de délicates nouilles de riz vietnamiennes au poulet grillé, assaisonnées d'une vinaigrette au gingembre (p. 129) et des nouilles de blé chinoises fraîches, servies avec une sauce épicée (p. 130). La vaste gamme d'ingrédients employés dans ces recettes montre que les pâtes et les nouilles peuvent être accompagnées de toutes sortes d'aliments et s'accommoder de plusieurs façons.

Choisir les bons ingrédients

Peu d'ingrédients sont nécessaires pour préparer des pâtes. Farine de blé, œufs et huile d'olive pour la pâte ; beurre, lait ou crème, tomates fraîches ou en boîte, oignons, ail et herbes séchées ou fraîches pour les sauces, suffisent généralement pour réaliser bon nombre de recettes savoureuses. Ces produits doivent impérativement être de très bonne qualité pour que vos pâtes aient toute la saveur qu'elles méritent.

Pour la pâte

La farine de blé dur, riche en gluten est idéale pour la fabrication de la pâte et lui apporte une texture parfaite. Cette farine de type 45 (selon la classification française ou de type 00 selon la classification italienne), tout en légèreté et en finesse, est moulue très finement. Le gluten, protéine contenue dans le blé, donne à la pâte la résistance et l'élasticité nécessaires pour être abaissée, étirée et cuite sans imperfection.

La semoule, riche en gluten, est une mouture plus grossière de blé dur qui permet de modeler des formes complexes, comme celles des *orecchiette* et des *cavatelli,* et donne des pâtes sèches de qualité.

Le sarrasin (ou blé noir), employé dans les nouilles soba japonaises, n'est pas une variété de blé ni même une céréale : c'est la graine d'une plante herbacée.
La farine de sarrasin contient plus d'amidon et moins de protéines que celle de blé, ce qui donne plus de texture à la pâte.

Les œufs, bien sûr, doivent toujours être d'une extrême fraîcheur : ils donnent aux pâtes une teinte dorée, une saveur subtile et des protéines supplémentaires. On utilisera toujours de gros œufs.

Enfin, préférez toujours l'huile d'olive vierge extra pour sa saveur et sa pureté, et conservez-la à l'abri de la lumière et de la chaleur.

Pour les sauces

Que les sauces soient à cuisson rapide ou longuement mijotées, vous emploierez souvent des tomates olivettes fraîches.

L'ail confère une saveur capiteuse, tandis que l'oignon donne un goût légèrement sucré aux sauces à la viande, mais aussi aux légumes, comme la sauce tomate classique (p. 92).

Les carottes et le céleri sont indispensables dans un *soffrito*, base de nombreuses sauces.

L'échalote, parente de l'oignon, ajoute une note subtile à des plats tels que les *fettuccine* aux crevettes, à la tomate et à la crème (p. 61).

Pour préparer une sauce onctueuse, vous pouvez utiliser du beurre ou de la crème fraîche, de préférence épaisse, qui ne tourne pas à la cuisson et enrobe bien les *fettuccine* et autres pâtes fraîches.

Pour les farces

Les farces pour tortellini ou ravioli nécessitent un parfait équilibre entre les ingrédients humides et secs, de façon à ce que le mélange se tienne sans être collant. Pour illustrer ce principe, il faut, par exemple, mélanger du bœuf ou du poulet haché avec des œufs et/ou de la chapelure fine. La ricotta et la mozzarella jouent un rôle déterminant dans de nombreuses farces, tandis que le mascarpone dote les farces au fromage d'une grande onctuosité.
Pour les wonton, les ingrédients classiques sont le porc ou les fruits de mer hachés, les oignons nouveaux, le chou chinois, les champignons shiitake et le gingembre frais.

Les ingrédients secs

L'huile d'olive vierge extra et une huile d'olive peu fruitée, sont indispensables, l'une pour la saveur qu'elle apporte au plat, l'autre pour faire cuire de la viande et d'autres ingrédients à l'arôme prononcé.

La sauce soja est, elle, souvent employée avec les nouilles asiatiques.

Les herbes séchées comme le laurier, le romarin et l'origan sont souvent utilisées. Attention : elles perdent leur saveur après quelques mois.

Ayez aussi en réserve des boîtes de tomates pelées de première qualité.

Enfin, conservez un morceau de parmesan au réfrigérateur, à râper pour une farce ou à proposer, en accompagnement, à table.

Cuire et assaisonner les pâtes

Au même titre que la lecture d'une carte de restaurant peut faire surgir en vous un souvenir gustatif, ou vous mettre tout simplement en appétit, celle d'une recette met en éveil votre imagination et vos papilles. En cuisine, vous apprendrez à vous fier à votre instinct : faut-il ajouter un soupçon d'huile ou de sel ? Faut-il prolonger un peu la cuisson des pâtes ou les servir sans attendre ?

Minutage

Pour préparer des pâtes, le minutage est essentiel. Toute la difficulté réside dans l'organisation des différentes tâches, afin que tous les composants d'un plat soient prêts au bon moment.

Soyez attentif à la liste des ingrédients : si elle précise « un oignon haché », préparez-le avant de commencer toute cuisson, vous gagnerez ainsi du temps. Les étapes de chaque recette étant numérotées, il vous suffit de les suivre pour que chaque ingrédient du plat fini soit parfaitement cuit.

La plupart des plats se composent de pâtes et d'une sauce à servir en accompagnement, tout doit donc être prêt à temps. Minutez bien les opérations pour un résultat optimal.

Certains plats peuvent être préparés à l'avance. La sauce blanche (p. 28) des lasagnes aux épinards (p. 81) peut se faire plusieurs jours à l'avance, être conservée au réfrigérateur, puis réchauffée pendant que vous ajoutez les autres ingrédients. En revanche, la farce au bœuf des ravioli (p. 67) ou des tortellini (p. 75) ne se conservent qu'une nuit au réfrigérateur.

Cuisson des pâtes

Oubliez les traditionnelles idées reçues concernant la cuisson des pâtes : verser quelques gouttes d'huile dans l'eau de cuisson n'empêche pas les pâtes de coller, car la majeure partie de l'huile remonte à la surface.

Pour réussir la cuisson des pâtes, il n'y a pas de secret : il faut simplement un grand faitout et beaucoup d'eau. Les pâtes collent entre elles si elles n'ont pas assez de place dans le récipient. Ainsi, pour faire cuire 500 g de pâtes, il faut remplir un faitout aux trois quarts d'eau (environ 5 litres), porter celle-ci à ébullition et la saler généreusement.

Ajoutez les pâtes en une seule fois. Si elles sont sèches, glissez-les doucement dans l'eau. Dès la reprise de l'ébullition, remuez, non seulement pour les séparer, mais aussi pour qu'elles n'adhèrent pas au récipient, puis remuez de temps en temps.

Les pâtes farcies, comme les ravioli, nécessitent beaucoup d'eau. Après les avoir mises dans l'eau, réglez le feu : le liquide doit juste frémir pour que les pâtes ne se défassent pas.

Égouttez les pâtes dans une passoire et réservez une petite quantité d'eau de cuisson qui servira à rectifier la consistance de la sauce. Secouez la passoire pour ôter l'excédent d'eau : les pâtes doivent rester humides pour retenir la sauce. Ne rincez jamais les pâtes, sauf si la recette le précise : l'eau les refroidit et les rend collantes.

Sécurité !

Pour égoutter les pâtes, portez des gants isolants et tenez toujours le récipient brûlant à bout de bras lorsque vous versez son contenu dans la passoire. Cela vous évitera de vous brûler avec la vapeur d'eau, mais aussi de vous salir.

L'expression *al dente* désigne la cuisson parfaite des pâtes, c'est-à-dire quand l'intérieur de la pâte résiste légèrement sous la dent. Les pâtes fraîches doivent être tendres, mais encore élastiques, alors que les pâtes sèches sont cuites lorsque l'on peut distinguer une fine ligne blanche au centre lorsqu'on les croque. Pour plus d'informations concernant la cuisson des pâtes, reportez-vous pp. 36-38.

Assaisonnement des pâtes

Le seul assaisonnement des pâtes qu'il convient d'ajouter à l'eau en ébullition est le sel de mer. Il faut environ 2 cuillerées à soupe pour 5 litres d'eau. Cela peut vous paraître beaucoup, mais les Italiens considèrent que l'eau de cuisson doit être aussi salée que celle de la mer !

Assaisonnement des farces

Il est inutile de goûter un mélange cru, car la cuisson modifie les saveurs. Pour vous assurer du bon assaisonnement, prélevez une noix de la farce crue et faites-la cuire rapidement à la poêle. Laissez-la refroidir un peu, puis goûtez-la. Rectifiez alors l'assaisonnement du reste de la farce crue en veillant à ce que les saveurs s'équilibrent avec la sauce.

Assaisonnement des sauces

Derrière leur apparente simplicité, de nombreuses sauces requièrent un assaisonnement parfait.

Prenez l'habitude de râper la muscade ou de moudre le poivre à mesure de vos besoins, et de râper le parmesan juste avant de servir les pâtes. Respectez les quantités indiquées, mais prévoyez toujours une petite quantité supplémentaire pour rectifier l'assaisonnement selon votre goût. Quand vous préparez une sauce, commencez par utiliser une petite quantité de chaque aromate, puis goûtez et ajoutez-en si cela vous paraît nécessaire. Si vous comptez saupoudrer le plat de fromage, salez un peu moins la sauce.

Sécurité !

Pour que les bactéries de la viande crue ne contaminent pas les autres aliments, utilisez des planches à découper différentes pour la viande et les légumes, et lavez tous les ustensiles à l'eau chaude savonneuse lorsque vous avez terminé.

Servir les pâtes

Le moment de déguster les pâtes arrive enfin ! Pensez à vérifier la consistance de la sauce, qui ne doit être ni trop épaisse ni trop liquide, pendant que la cuisson des pâtes se termine. Égouttez ensuite rapidement les pâtes et mélangez-les immédiatement avec la sauce chaude. Enfin, plus vous le servirez rapidement, meilleur sera votre plat : les pâtes doivent arriver encore fumantes sur la table.

Mélanger

Pour que les pâtes et la sauce se mélangent bien, il faut impérativement égoutter les pâtes le plus rapidement possible, sans les assécher totalement et réserver un peu d'eau de cuisson pour allonger la sauce, le cas échéant. Contenant un peu d'amidon, cette eau est plus appropriée que celle du robinet, qui ne ferait que diluer la sauce. Une sauce trop épaisse se lie difficilement aux pâtes, tandis qu'une sauce trop liquide coule au fond du plat au lieu de les enrober. Par ailleurs, on a souvent tendance à mettre trop de sauce dans les pâtes : à chaque bouchée, il faut pouvoir sentir à la fois la saveur des pâtes et celle de la sauce. Sachez enfin que les pâtes fraîches absorbent légèrement plus de sauce que les pâtes sèches.

Servir

Pour que les pâtes restent chaudes, faites chauffer le plat et les assiettes 15 minutes au four préchauffé à 95 °C (th. 2-3). Mettez des gants isolants pour apporter le plat à table et… prévenez vos invités que les assiettes sont chaudes !

Décorer

La simplicité d'un plat de pâtes exige une finition soignée : par exemple, saupoudrez des *fettuccine* crémeux de muscade fraîchement râpée, ou parsemez un pad thaï (p. 126) de fines rondelles d'oignon nouveau. Tout au long de ce livre vous sont proposées d'autres suggestions de présentation pour donner un petit « plus » à vos pâtes : fromage râpé, herbes fraîches ciselées, filet d'huile aromatisée à la truffe…

Doser les ingrédients

Si des indications telles que « ajoutez de la crème » peuvent suffire aux cuisiniers expérimentés, elles sont trop sommaires pour les amateurs néophytes. Les proportions très précises indiquées dans les recettes ainsi que les explications sur l'utilisation du matériel rassureront les amoureux des pâtes les plus débutants.

La mise en place

Commencez par rassembler tout ce dont vous avez besoin pour la recette choisie. Cette « mise en place », selon les termes des professionnels, facilitera votre travail en cuisine.

Avant tout, lisez intégralement la recette.

Commencez toujours les préparatifs en rinçant sous l'eau froide tous les ingrédients que vous emploierez, car ce détail n'est généralement pas indiqué dans la recette. Lisez à nouveau attentivement la liste des ingrédients pour repérer ceux qu'il faut peler, hacher ou émincer avant de les mesurer. Préparez-les et mesurez-les à l'avance avec les instruments appropriés.

Le verre gradué

Utilisez un verre gradué en plastique transparent ou en Pyrex, doté d'un bec verseur. Vous pourrez ainsi mesurer divers ingrédients (farine, eau, sucre, etc.) en suivant les indications indiquées sur le bord. Pour obtenir la mesure la plus précise possible, posez-le sur une surface plane.

Les cuillères doseuses

Pour les petites quantités, utilisez un jeu de cuillères doseuses. Préférez celles en métal, plus résistantes que les cuillères en plastique. Pour les aliments en poudre, comme la farine et le sucre, remplissez la cuillère de l'ingrédient à doser, puis passez le dos de la lame d'un couteau pour ôter l'excédent et obtenir une cuillère « rase ». Les ingrédients plus volumineux, comme les herbes hachées ou le fromage râpé, doivent être légèrement tassés dans la cuillère.

Les cuillères à soupe et à café

Certains ingrédients sont indiqués en cuillerées, du quart de cuillerée à café à la cuillerée à soupe entière.

Pour mesurer les ingrédients secs, plongez-y la cuillère, puis enlevez l'excédent à l'aide du dos de la lame d'un couteau.

Pour les ingrédients liquides, remplissez la cuillère à ras bord, pour une cuillère entière. Une cuillère à soupe contient 1,5 cl et une cuillère à café, 0,5 cl.

Accorder pâtes et sauce

Certaines associations de pâtes et de sauces sont unanimement reconnues comme de grands classiques. Mais pour innover, comment savoir quel type de pâtes est meilleur en gratin ou simplement mélangé avec une sauce tomate à la viande ? Nul n'est obligé de s'en tenir à la tradition : grâce aux suggestions suivantes, vous pourrez créer vos propres alliances.

PÂTES FRAÎCHES LONGUES

TYPES DE PÂTES

Fettuccine
Rubans larges.

Lasagne
Plaques généralement disposées en couches, alternées avec une garniture, puis dorées au four.

Pappardelle
Rubans très larges.

Tagliatelle
Rubans légèrement plus étroits que les fettuccine.

SUGGESTIONS DE SAUCE

Alfredo (p. 55) : sauce riche et onctueuse à la crème, au beurre et au parmesan.

Bolognaise (p. 49) : sauce à la tomate et à la viande, longuement mijotée.

Beurre de sauge (p. 61) : beurre fondu aromatisé à la sauge et additionné de parmesan.

Variantes à la crème (pp. 60, 61) : sauces dans lesquelles la crème est associée à un ingrédient : légumes nouveaux, champignons ou gorgonzola.

Sauce tomate à la crème (p. 94) : sauce tomate onctueuse enrichie de crème.

SUGGESTIONS D'ACCORD

Les pâtes longues aux œufs frais et à la farine de blé sont plus tendres et absorbent davantage de sauce que les autres. Elles ont également une saveur plus délicate. Associez-les avec une sauce épaisse et crémeuse, qui enrobera bien les pâtes sans masquer leur goût.

Les pâtes fraîches longues sont également agréables avec une sauce dotée de texture. Les longs rubans s'enroulent bien autour des dés de viande et de légumes.

Attention aux pâtes aromatisées aux épices ou aux légumes : leurs saveurs doivent s'accorder avec celles de la sauce.

PÂTES FRAÎCHES À LA SEMOULE

TYPES DE PÂTES

Cavatelli
Petits boudins pointus et fendus.

Orecchiette
Petits cercles incurvés.

SUGGESTIONS DE SAUCE

Aux brocolis et à la saucisse (p. 63) : sauce consistante à base d'huile d'olive, de brocolis et de saucisse.

Tomates fraîches et mozzarella (p. 65) : sauce composée de tomate crue et de dés de mozzarella.

SUGGESTIONS D'ACCORD

Les pâtes fraîches aux formes particulières peuvent être confectionnées avec une pâte à la semoule ou s'acheter sèches. Elles s'accordent avec les sauces consistantes contenant des morceaux de viande et de légumes, qui se logent dans leurs cavités.

PÂTES FRAÎCHES FARCIES

TYPES DE PÂTES

Ravioli
Carrés ou disques farcis.

Tortellini
Triangles farcis et modelés.

SUGGESTIONS DE SAUCE

Sauce tomate classique (p. 92) ou **sauce tomate à la crème** (p. 94) : sauce onctueuse à base de *soffrito*, que l'on peut enrichir de crème.

Beurre de sauge (p. 61) : beurre fondu aromatisé à la sauge et complété de parmesan.

SUGGESTIONS D'ACCORD

La sauce se choisit en fonction de la farce : plus le goût de cette dernière est prononcé, plus la sauce doit être corsée.

PÂTES SÈCHES LONGUES

TYPES DE PÂTES	SUGGESTIONS DE SAUCE	SUGGESTIONS D'ACCORD
Bucatini/perciatelli Tubes fins, traditionnellement servis avec une sauce *amatriciana*. **Capellini** Baguettes très fines et délicates, également appelées cheveux d'ange. **Fedelini** Baguettes plus fines que les spaghetti. **Linguine** Rubans plats, peu larges, partenaires traditionnels des sauces *aglio olio* et aux coques. **Spaghetti** Baguettes cylindriques fines, servies avec une sauce carbonara. **Vermicelli** Spaghetti plus fins.	***Aglio Olio*** (p. 97) : sauce relevée à base d'huile d'olive, d'ail et de persil. ***Amatriciana*** (p. 95) : sauce tomate consistante avec des dés de pancetta. ***Arrabbiata*** (p. 95) : sauce épicée à la tomate. ***Carbonara*** (p. 102) : sauce aux œufs, au lard et au pecorino. **Aux coques** (p. 99) : sauce à base d'huile d'olive avec des coques, de l'ail et du persil. **Sauce tomate classique** (p. 92) : sauce onctueuse relevée d'oignons sautés et d'autres légumes. ***Marinara*** (p. 94) : sauce tomate à l'huile d'olive et à l'ail. ***Puttanesca*** (p. 95) : sauce tomate légèrement croquante aux olives, aux anchois et aux câpres.	Les pâtes sèches longues s'accordent bien avec les sauces onctueuses, qui les enrobent de façon homogène. Les pâtes sèches sont idéales avec les sauces à base d'huile d'olive, qui adhèrent bien à leur surface naturellement rugueuse, et les enrobent. Elles s'accommodent également avec les sauces contenant de petits morceaux (olives ou dés de pancetta ou de lard), qu'elles retiennent bien. Par contre, évitez les gros morceaux, qui tomberaient au fond du plat. Réservez les pâtes longues et fines, comme les capellini et les vermicelli, pour les sauces légères, onctueuses et simples.

PÂTES SÈCHES COURTES

TYPES DE PÂTES	SUGGESTIONS DE SAUCE	SUGGESTIONS D'ACCORD
Conchiglie Petites ou grandes coquilles. **Farfalle** Papillons. **Macaroni** Tubes incurvés plus ou moins gros et longs. **Penne** Tubes courts aux extrémités biseautées.	***Arrabbiata*** (p. 95) : sauce épicée à la tomate. **Au fromage** (p. 106) : sauce blanche crémeuse contenant du gruyère. ***Marinara*** (p. 94) : sauce tomate à l'huile d'olive et à l'ail. **Aux champignons, à l'ail et au persil** (p. 99) : sauce aux champignons sautés, relevée d'ail et de persil. **Au pesto, aux pommes de terre et aux haricots verts** (p. 101) : sauce à base de pesto, préparation épaisse à l'huile d'olive, aux pignons, au basilic et au parmesan.	Les pâtes sèches courtes sont très faciles à accommoder et s'accordent toutes avec la sauce tomate. Servez les macaroni avec une sauce crémeuse au fromage. Mélangez les torsades ou les papillons avec une sauce contenant des morceaux, qui se logeront dans les cavités. Ces pâtes étant courtes, elles sont faciles à piquer à la fourchette avec la sauce et ses morceaux en même temps. À cause de leur texture rugueuse due à la semoule, ces pâtes s'accordent aussi avec les sauces à base d'huile d'olive.

FARINAGES

TYPES DE PÂTES	SUGGESTIONS DE SAUCE	SUGGESTIONS D'ACCORD
Gnocchi Boulettes oblongues, tendres, à la purée de pommes de terre.	**Alfredo** (p. 55) : sauce riche et onctueuse à la crème, au beurre et au parmesan. **Pesto** (p. 101) ou ***Amatriciana*** (p. 95) : sauces consistantes à base d'huile d'olive et de basilic, ou de tomate.	Les farinages ont une structure suffisamment ferme pour s'accorder avec des sauces crémeuses, ou plus consistantes à la tomate ou au basilic en purée.

1

Les recettes de base

Les meilleures pâtes ne sont-elles pas celles que l'on confectionne soi-même ?

Dans les pages qui suivent, vous constaterez à quel point il est facile de préparer une pâte avec un robot ménager. Essayez aussi bien les pâtes tendres aux œufs que les pâtes sans œuf, plus fermes et faciles à mettre en forme.

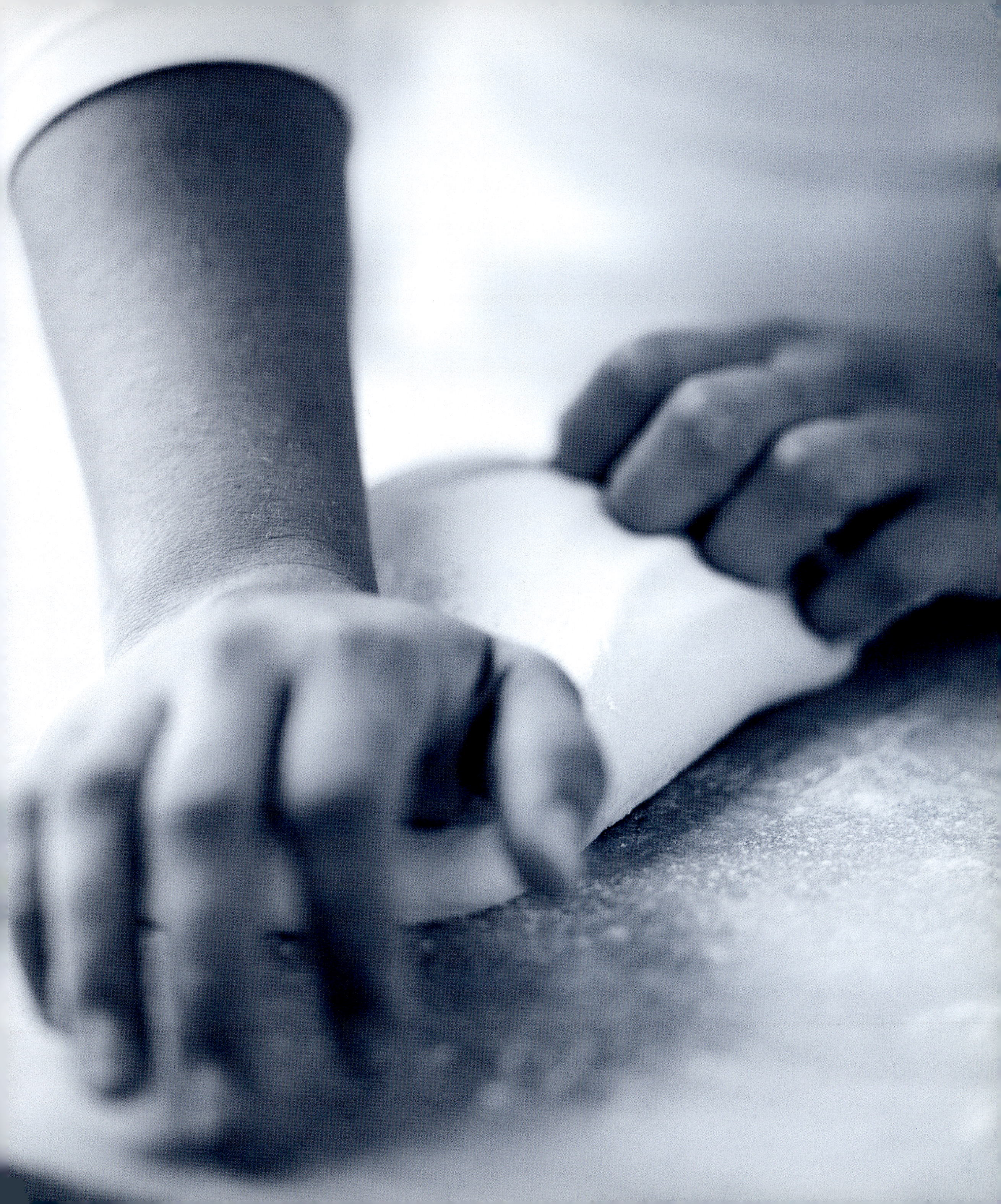

RECETTE DE BASE

Pâte fraîche aux œufs

Les pâtes fraîches aux œufs constituent la base de bon nombre de plats. Au robot, quelques minutes suffisent pour mélanger la farine, les œufs et l'huile en une pâte souple, à pétrir ensuite à la main. Vous obtiendrez un résultat aussi bon qu'avec la méthode manuelle.

POUR 500 G ENVIRON

400 g de farine de blé + 2 à 3 cuillerées, pour le plan de travail

4 gros œufs

2 cuill. à café d'huile d'olive vierge extra

LE TRUC DU CHEF

Vous pouvez aromatiser cette pâte avec 1 cuillerée à soupe d'herbes séchées (marjolaine, thym), ou 1 cuillerée à café de poivre noir fraîchement et finement moulu. Ces aromates sont à verser dans le bol du robot avec la farine.

1 Mettre la farine dans le robot

Versez 325 g de farine dans le bol du robot, équipé de sa lame métallique. Réservez le reste pour rectifier ultérieurement la consistance de la pâte.

2 Ajouter les œufs et l'huile

Cassez les œufs dans un verre gradué à bec verseur et éliminez les éventuels fragments de coquille. Ajoutez l'huile d'olive : celle-ci rend la pâte plus élastique et facile à travailler. Versez le mélange dans le bol du robot.

3 Malaxer la pâte

Mixez jusqu'à obtention d'une pâte humide et grumeleuse : il faut compter environ 10 secondes. Si la pâte semble trop collante, ajoutez un peu de la farine réservée, cuillerée par cuillerée, en mixant après chaque ajout, jusqu'à ce qu'elle soit bien incorporée (vous n'utiliserez peut-être pas toute la farine). Si vous ajoutez trop de farine, la pâte sera sèche et friable. Chaque fois que vous arrêtez le robot, pincez la pâte entre le pouce et l'index : elle doit être un peu plus ferme après chaque addition de farine. Au bout de 30 secondes de malaxage environ, la pâte doit former une boule au-dessus de la lame. Lorsque vous la pincez, elle doit être légèrement humide, sans être collante.

4 Préparer le plan de travail

Choisissez un plan de travail en bois ou en plastique légèrement rugueux, qui accroche la pâte et facilite l'opération de pétrissage. Farinez-le. Ôtez la boule de pâte du bol du robot et placez-la au centre de la surface farinée.

5 Pétrir la pâte

Avec la paume d'une main, repoussez la boule. Avec l'autre main, saisissez-la par l'extrémité la plus éloignée de vous, repliez-la vers vous, puis tournez-la d'un quart de tour. Répétez l'opération, en tournant chaque fois le pâton d'un quart de tour. Arrêtez de pétrir lorsque la pâte est humide (sans être collante) et d'une couleur jaune uniforme, sans trace de farine. Cette opération de pétrissage prend 1 ou 2 minutes. Vous pétrirez à nouveau la pâte plus tard, avec le laminoir.

6 Laisser reposer la pâte

Formez une boule avec le pâton. À ce stade, il est assez élastique : si vous tentiez de l'abaisser, il reprendrait aussitôt sa forme de boule. Couvrez-le d'un saladier retourné et laissez-le reposer 30 minutes. Pendant le repos, le gluten de la farine va se détendre, ce qui vous permettra d'abaisser facilement la pâte en une plaque fine et résistante.

LE TRUC DU CHEF

Vous pouvez réduire les proportions de cette recette. 100 g de farine de blé et 1 gros œuf vous permettront d'obtenir la quantité nécessaire pour préparer un dîner rapide ou pour vous entraîner à abaisser la pâte et à la découper en rubans.

CONSEILS D'UTILISATION

Avec cette pâte, vous pourrez confectionner des fettuccine, des ravioli, des tortellini et des lasagnes.

RECETTE DE BASE

Pâte aux épinards frais

Les épinards frais confèrent à la pâte aux œufs une superbe couleur verte, mais aussi une saveur subtile qui s'accorde à merveille avec les sauces consistantes. La pâte est plus souple et plus facile à manipuler qu'une pâte aux œufs nature, et une fois cuite, elle présente une texture plus délicate.

POUR 600 G ENVIRON

300 g d'épinards

3 gros œufs

400 g de farine de blé + 2 à 3 cuillerées, pour le plan de travail

1 Équeuter et laver les épinards

Triez les épinards en éliminez les feuilles jaunies ou flétries. Pliez doucement chaque feuille en deux dans la longueur, nervure sur le dessus. Prenez la queue avec l'autre main et tirez-la rapidement vers l'autre extrémité de la feuille pour ôter la nervure. Plongez les épinards dans un grand saladier d'eau fraîche et remuez-les pour enlever les impuretés. Relavez les feuilles deux fois jusqu'à ce que l'eau soit propre. Secouez légèrement les épinards et égouttez-les dans une grande passoire.

2 Cuire et égoutter les épinards

Posez un faitout sur feu moyen, ajoutez les épinards, et laissez-les fondre pendant 5 minutes, en remuant de temps en temps avec une cuillère en bois. Pendant la cuisson, les épinards perdent toute leur eau et par conséquent, énormément de volume. Égouttez-les dans une passoire, en pressant bien avec la cuillère pour éliminer le maximum d'eau, puis laissez-les refroidir légèrement. Mettez-les dans un torchon et tordez celui-ci pour éliminer le plus d'eau possible : s'il en reste trop, la pâte n'aura aucune tenue. Vous devez obtenir environ 100 g d'épinards cuits.

3 Mixer les épinards et les œufs

Mettez les épinards dans le bol du robot, équipé de sa lame métallique. Cassez les œufs dans un verre gradué à bec verseur et éliminez les éventuels fragments de coquille. Versez les œufs dans le bol du robot et mixez jusqu'à ce que le mélange soit homogène.

4 Ajouter la farine et malaxer la pâte

Ajoutez 325 g de farine et réservez le reste pour rectifier ultérieurement la consistance de la pâte. Mixez jusqu'à l'obtention d'un pâte humide et grumeleuse : il faut compter environ 10 secondes. Si la pâte semble trop collante, ajoutez un peu de la farine réservée, cuillerée par cuillerée, en mixant après chaque ajout, jusqu'à ce qu'elle soit bien incorporée (vous n'utiliserez peut-être pas toute la farine). Si vous ajoutez trop de farine, la pâte sera sèche et friable. Chaque fois que vous arrêtez le robot, pincez la pâte entre le pouce et l'index : elle doit être un peu plus ferme après chaque addition de farine. Au bout de 30 secondes de malaxage environ, la pâte doit former une boule au-dessus de la lame. Lorsque vous la pincez, elle doit être légèrement humide, sans être collante.

5 Préparer le plan de travail

Choisissez un plan de travail en bois ou en plastique légèrement rugueux, qui accroche la pâte et facilite l'opération de pétrissage. Farinez-le. Ôtez la boule de pâte du bol du robot et placez-la au centre de la surface farinée.

6 Pétrir la pâte

Avec la paume d'une main, repoussez la boule. Avec l'autre main, saisissez-la par l'extrémité la plus éloignée de vous, repliez-la vers vous, puis tournez-la d'un quart de tour. Répétez l'opération, en tournant chaque fois le pâton d'un quart de tour. Arrêtez de pétrir lorsque la pâte est humide sans être collante, et d'une couleur verte uniforme, sans trace de farine. Cette opération de pétrissage prend 1 ou 2 minutes. Vous pétrirez à nouveau la pâte plus tard, avec le laminoir.

7 Laisser reposer la pâte

Formez une boule avec le pâton. À ce stade, il est assez élastique : si vous tentiez de l'abaisser, il reprendrait aussitôt sa forme de boule. Couvrez-le d'un saladier retourné et laissez-le reposer 30 minutes. Pendant le repos, le gluten de la farine va se détendre, ce qui vous permettra d'abaisser facilement la pâte en une plaque fine et résistante.

LE TRUC DU CHEF

N'oubliez pas que la quantité de farine absorbée par la pâte varie selon la qualité de la farine, la fraîcheur des œufs et le temps : il faut, en général, un peu plus de farine, si le temps est humide, et un peu moins, lorsqu'il fait très chaud et sec.

CONSEILS D'UTILISATION

Avec cette pâte, vous pourrez confectionner des fettuccine, des ravioli, des tortellini et des lasagnes.

RECETTE DE BASE

Pâte fraîche à la semoule

Dans cette recette sans œufs, la semoule dorée, de texture sableuse, est mélangée avec de la farine de blé et de l'eau. Cela donne une pâte ferme destinée aux pâtes courtes. La pâte à la semoule est facile à malaxer, comme les autres pâtes de ce chapitre, mais plus difficile à pétrir.

POUR 500 G ENVIRON

300 g de farine de blé + 2 à 3 cuillerées, pour le plan de travail

100 g de semoule de blé dur très fine ou de farine de semoule de blé dur

1/2 cuill. à café de sel

20 cl d'eau chaude (40 °C)

1 Mélanger les ingrédients secs

Versez la farine, la semoule et le sel dans le bol du robot, équipé de sa lame métallique. Actionnez plusieurs fois le robot pour mélanger les ingrédients.

2 Vérifier la température de l'eau

À l'aide d'un verre gradué à bec verseur, mesurez 20 cl d'eau chaude, puis plongez-y un thermomètre : il doit afficher 40 °C. L'eau chaude contribue à activer le gluten pour obtenir une pâte ferme, mais malléable.

3 Malaxer la pâte

Actionnez le robot et versez 12 cl d'eau chaude en filet dans le bol pour humidifier la pâte. Le cas échéant, ajoutez le reste de l'eau, cuillerée par cuillerée (vous n'utiliserez peut-être pas les 20 cl). Après 30 secondes de malaxage, la pâte doit former une boule au-dessus de la lame. Lorsque vous la pincez, elle doit être humide, sans être collante. Si elle semble trop sèche, ajoutez 1 cuillerée à café d'eau et mixez à nouveau. Si vous ajoutez plus d'eau que nécessaire, la pâte sera trop souple pour être modelée.

4 Préparer le plan de travail

Choisissez un plan de travail en bois ou en plastique légèrement rugueux, qui accroche la pâte et la rend plus facile à pétrir, à abaisser, puis à façonner. Farinez-le. Ôtez la boule de pâte du bol du robot et placez-la au centre de la surface farinée.

5 Pétrir la pâte

Avec la paume d'une main, repoussez la boule. Avec l'autre main, saisissez-la par l'extrémité la plus éloignée de vous, repliez-la vers vous, puis tournez-la d'un quart de tour. Ne contenant ni œuf ni huile, mais de la semoule, cette pâte est plus difficile à travailler qu'une pâte aux œufs. Par ailleurs, la semoule contient davantage de gluten que la farine, ce qui entraîne une réaction protéique plus complexe. Arrêtez de pétrir lorsque la pâte est souple et humide (sans être collante) et d'une couleur jaune uniforme, sans trace de farine. Cette opération prend 1 ou 2 minutes (contrairement à la pâte aux œufs, celle-ci ne sera pas pétrie à nouveau avec le laminoir).

6 Laisser reposer la pâte

Formez une boule avec le pâton. À ce stade, il est assez élastique : si vous tentiez de l'abaisser, il reprendrait aussitôt sa forme de boule. Couvrez-le d'un saladier retourné et laissez-le reposer 30 minutes. Pendant le repos, le gluten de la farine va se détendre, ce qui vous permettra de modeler la pâte plus facilement.

LE TRUC DU CHEF

Couvrir le pâton d'un récipient retourné est une manière simple et saine de l'empêcher de sécher pendant le temps de repos. Vous pouvez également l'envelopper dans du film alimentaire.

CONSEILS D'UTILISATION

Avec cette pâte, vous pourrez confectionner des orechiette, des cavatelli et autres pâtes modelées.

RECETTE DE BASE

Sauce blanche

Merveilleusement riche, cette sauce « tous usages » proche de la béchamel, offre les saveurs du beurre frais et du lait. Lorsqu'on y ajoute du gruyère, elle s'accorde parfaitement avec les macaroni au fromage (p. 106). Nature, c'est la sauce traditionnelle des lasagnes (p. 81) et du gratin de gnocchi (p. 111).

POUR 50 CL ENVIRON

- 50 cl de lait entier
- 60 g de beurre
- 50 g de farine
- 1/4 cuill. à café de sel

1 Faire chauffer le lait

Dans une petite casserole antiadhésive, faites chauffer le lait environ 5 minutes sur feu moyen jusqu'à ce que de petites bulles se forment sur les bords. Surveillez alors attentivement le lait qui ne doit pas bouillir : cela provoquerait la formation d'une peau qui affecterait la texture de la sauce. Retirez la casserole du feu et couvrez-la pour garder le lait chaud.

2 Faire cuire le beurre et la farine

Posez une casserole à fond épais sur feu doux et ajoutez le beurre. Lorsque le beurre a fondu, versez la farine et remuez avec une cuillère en bois. Au début, le mélange sera grumeleux. Continuez de remuer et éventuellement, réduisez le feu de façon à ce que le mélange frémisse et prenne une teinte ivoire (cette cuisson lente est importante, car elle permettra à la sauce d'épaissir et d'atteindre la bonne consistance lorsqu'on y ajoutera le lait). Après 2 ou 3 minutes, le mélange doit former une pâte épaisse et onctueuse (le roux). Retirez alors la casserole du feu.

3 Incorporer le lait au roux

Hors du feu, commencez à remuer le roux avec un fouet, puis mouillez-le avec 1 ou 2 cuillerées à soupe de lait chaud. Le mélange va immédiatement épaissir et former des grumeaux. En fouettant sans cesse, incorporez le lait, cuillerée par cuillerée. La sauce va progressivement devenir onctueuse. Après avoir ajouté environ 10 cl de lait, versez le reste plus rapidement. En remuant, veillez à racler le fond et les parois de la casserole avec le fouet, de façon à ce que tout le roux soit incorporé à la sauce.

4 Faire cuire la sauce

Lorsque tout le lait a été ajouté, la sauce doit avoir la consistance d'une crème épaisse. À ce stade, reprenez la cuillère en bois et incorporez le sel. Posez la casserole sur feu moyen et faites cuire, en remuant sans cesse pendant 1 minute, jusqu'à ce que de petites bulles éclatent à la surface et que la sauce soit onctueuse et suffisamment épaisse pour enrober le dos de la cuillère. Réglez le feu pour que la sauce frémisse légèrement : si la chaleur est trop forte, elle risque de brûler et d'être ainsi inutilisable.

5 Goûter la sauce

Goûtez la sauce. Elle doit être crémeuse et dotée d'une saveur neutre, sans goût de farine crue. Il n'est pas nécessaire de l'assaisonner, car d'autres ingrédients viendront la compléter. S'il reste des grumeaux, versez la sauce dans une passoire fine au-dessus d'un saladier.

6 Servir ou conserver la sauce

Si vous n'utilisez pas la sauce immédiatement, versez-la encore chaude dans un saladier et couvrez-la de film alimentaire. Ce dernier doit toucher la surface de la sauce pour éviter la formation d'une peau. Laissez la sauce refroidir (environ 10 minutes), puis conservez-la jusqu'à 2 jours au réfrigérateur.
Pour réchauffer la sauce blanche réfrigérée, transférez-la dans une casserole à fond épais. Faites-la chauffer sur feu moyen et remuez sans cesse avec un fouet ou une cuillère en bois. Si elle est trop épaisse, allongez-la avec un peu d'eau ou de lait chaud.

LE TRUC DU CHEF

Il est important de bien gratter le fond de la casserole avec le fouet pour incorporer tout le roux au lait.

CONSEILS D'UTILISATION

Cette sauce s'emploie notamment avec des lasagnes et des gratins de macaroni ou de gnocchi.

2

Les techniques fondamentales

La préparation de la pâte n'ayant plus de secret pour vous, il vous reste à apprendre à l'abaisser, à la découper et à la façonner en toutes sortes de formes de tailles diverses : autant de techniques dont vous trouverez les explications détaillées dans les pages suivantes. Vous découvrirez également comment faire cuire à la perfection les pâtes fraîches, sèches et farcies, et comment manipuler nombre d'ingrédients de base entrant dans la composition des sauces, tels que l'ail, la tomate et les herbes aromatiques.

Pétrir et abaisser la pâte fraîche

1 Préparer le laminoir
Fixez le laminoir sur le plan de travail en suivant le mode d'emploi de l'appareil (en général, avec un système à vis). Tournez la molette de façon à écarter les cylindres au maximum. Fixez la manivelle.

2 Fariner les cylindres
Farinez légèrement les cylindres pour que la pâte ne colle pas lorsque vous la passerez dans le laminoir. Si elle devient collante pendant cette opération, farinez à nouveau les cylindres.

3 Aplatir la pâte en disque
À l'aide d'un couteau de chef, coupez le pâton en quatre portions. Conservez-en trois à l'abri, sous un saladier retourné. Aplatissez la dernière en un disque de 12 mm d'épaisseur.

5 Abaisser la pâte
Tournez la molette d'un cran pour rapprocher les cylindres. Passez la pâte dans le laminoir et saisissez l'extrémité qui en sort pour la déposer bien à plat sur le plan de travail fariné.

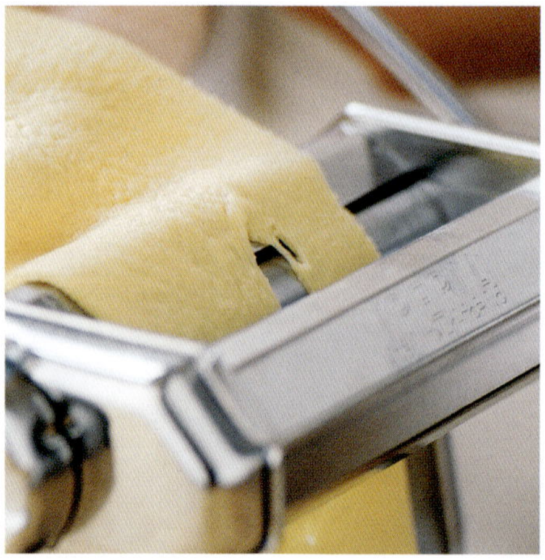

LE CONSEIL DU CHEF
La pâte peut coller aux cylindres ou se déchirer si elle est trop humide, ou si un morceau reste coincé dans le laminoir. Pour éviter ces problèmes, pliez-la avec soin, farinez-la bien et reprenez tout le processus à l'étape 5.

6 Faire les finitions
Continuez de passer la pâte dans le laminoir en rapprochant progressivement les cylindres, jusqu'à l'avant-dernier cran. À mesure que l'abaisse sort, étalez-la délicatement sur le plan de travail.

4 **Pétrir la pâte**
Tournez la manivelle et faites passer la pâte entre les cylindres. Pliez-la en trois, farinez une face et passez-la de nouveau. Recommencez 8 ou 10 fois : l'abaisse doit être lisse.

7 **Vérifier l'épaisseur**
Soulevez la pâte : si vous voyez votre main à travers, elle est prête (elle doit faire environ 2 mm d'épaisseur). Sinon, passez-la encore dans le laminoir à l'écartement minimum.

TECHNIQUE

Découper la pâte fraîche

1 **Couper la pâte en portions**
Découpez la pâte selon les indications de la recette. Pour les fettuccine ou les lasagnes, laissez sécher de 10 à 20 minutes, en retournant les portions une ou deux fois. Cette opération est inutile pour les pâtes à farcir.

2 **Fixer l'accessoire de découpe**
Suivez le mode d'emploi pour fixer au laminoir l'accessoire de découpe dont vous avez besoin. Sur certaines machines, le même accessoire offre deux largeurs de coupe.

3 **Découper la pâte en rubans**
Fixez la manivelle. Insérez une portion de pâte entre les lames et tournez-la. Avec votre main libre, déposez les rubans obtenus à plat sur le plan de travail.

4 **Laisser sécher les rubans**
Étalez les rubans sur une plaque de four légèrement farinée en les espaçant bien. Laissez-les sécher de 10 à 20 minutes. Ils doivent être fermes, mais encore souples et non friables.

Façonner des orecchiette

1 Diviser la pâte
Farinez légèrement le plan de travail. À l'aide d'un coupe-pâte ou d'un couteau de chef, divisez la pâte en quatre portions égales. Roulez chaque portion en petit cylindre.

2 Rouler la pâte en baguettes
Avec les deux mains, faites rouler d'avant en arrière le cylindre, en déplaçant petit à petit vos mains vers les extrémités, pour former une baguette d'environ 12 mm de diamètre.

3 Découper la baguette en tronçons
À l'aide du coupe-pâte ou du couteau de chef coupez chaque baguette en tronçons de 12 mm de large. Ils doivent ressembler à des petits « coussins ».

4 Aplatir un tronçon en disque
Placez l'index le long de la lame d'un couteau à bout arrondi. Avec l'extrémité du couteau, aplatissez un tronçon de pâte et tirez légèrement la lame vers vous pour former un disque.

5 Presser le disque sur votre pouce
Posez le disque au bout de votre pouce et incurvez-le en forme de coupelle. Répétez les étapes 4 et 5 pour modeler le reste des orecchiette.

6 Laisser sécher les orecchiette
Posez au fur et à mesure les orecchiette sur une plaque de four farinée, en les espaçant pour qu'elles ne collent pas entre elles. Cuisez immédiatement ou laissez sécher 2 heures au plus.

Façonner des cavatelli

1 Diviser la pâte
Farinez légèrement le plan de travail. À l'aide d'un couteau de chef ou d'un coupe-pâte, divisez la pâte en quatre portions égales. Roulez chaque portion en petit cylindre.

2 Rouler la pâte en baguettes
Avec les deux mains, faites rouler d'avant en arrière le cylindre, en déplaçant petit à petit vos mains vers les extrémités, pour former une baguette d'environ 12 mm de diamètre.

3 Découper la baguette en tronçons
À l'aide du couteau de chef ou du coupe-pâte, coupez chaque baguette en tronçons de 12 mm de large. Ils doivent ressembler à des petits « coussins ».

4 Aplatir un tronçon
Placez sur le plan de travail un tronçon de pâte sur sa longueur. Posez l'index sur la lame d'un couteau à bout arrondi. Tenez la lame à l'horizontale sur le tronçon et appuyez pour l'aplatir.

5 Enrouler le disque autour de la lame
En appuyant, faites glisser la lame vers un côté du disque. La pâte va s'enrouler autour de la lame et former une coquille oblongue. Répétez les étapes 4 et 5 pour modeler le reste des cavatelli.

6 Laisser sécher les cavatelli
Posez au fur et à mesure les cavatelli sur une plaque de four farinée en les espaçant pour qu'elles ne se collent pas les unes aux autres. Cuisez immédiatement ou laissez sécher 2 heures au plus.

Cuire les pâtes fraîches

1 Saler l'eau en ébullition
Remplissez un faitout d'eau aux trois quarts et portez à ébullition. Il faut environ 5 litres d'eau pour faire cuire 500 g de pâtes. Ajoutez ensuite environ 2 cuillerées à soupe de sel.

2 Mettre les pâtes dans l'eau
Plongez les pâtes dans l'eau en ébullition. Comme les pâtes fraîches cuisent rapidement, il est important de toutes les plonger dans l'eau en même temps.

3 Remuer les pâtes
Remuez les pâtes de temps en temps avec une cuillère en bois pour qu'elles ne collent pas les unes aux autres. Réglez le feu pour que l'eau soit à petite ébullition.

4 Vérifier la cuisson des pâtes
Après 1 minute 30, prélevez une pâte, laissez-la refroidir un peu et goûtez-la. Elle doit être tendre, mais élastique. Sinon, poursuivez la cuisson 5 secondes et goûtez à nouveau.

5 Réserver un peu d'eau de cuisson
Prélevez deux louches d'eau de cuisson. Vous pourrez utiliser plus tard cette eau amidonnée pour rectifier la consistance du plat lorsque la sauce aura été mélangée avec les pâtes.

6 Égoutter les pâtes
Placez une passoire dans l'évier et versez-y les pâtes, tout en tenant le faitout loin de vous. Secouez la passoire pour éliminer l'excédent d'eau : les pâtes doivent rester légèrement humides.

Cuire les pâtes fraîches farcies

1 **Saler l'eau en ébullition**
Remplissez un faitout d'eau aux trois quarts et portez à ébullition. Il faut environ 5 litres d'eau pour faire cuire 500 g de pâtes. Ajoutez ensuite environ 2 cuillerées à soupe de sel.

2 **Mettre les pâtes dans l'eau**
Plongez la moitié des ravioli ou des tortellini par deux ou trois dans l'eau. Il est préférable de faire cuire les pâtes farcies par petites quantités pour qu'elles ne collent pas entre elles.

3 **Remuer les pâtes**
Remuez les pâtes de temps en temps avec une cuillère en bois pour qu'elles ne collent pas les unes aux autres. Réglez bien le feu, car si l'eau bout trop fort, les pâtes farcies risquent d'éclater.

4 **Surveiller la cuisson des pâtes**
Les ravioli ou les tortellini remontent à la surface de l'eau lorsqu'ils sont cuits. Le temps de cuisson est généralement d'environ 2 minutes.

5 **Vérifier la cuisson des pâtes**
Sortez une pâte de l'eau avec une écumoire. Coupez un coin, à l'endroit où la pâte est en double épaisseur. Goûtez : elle doit être tendre, mais encore légèrement élastique.

6 **Égoutter les pâtes**
Transvasez les pâtes par petites quantités dans une passoire. Égouttez-les quelques secondes, puis mettez-les dans un plat de service chaud dans lequel vous les napperez de sauce.

Cuire les pâtes sèches

1 Saler l'eau en ébullition

Remplissez un faitout d'eau aux trois quarts et portez à ébullition. Il faut environ 5 litres d'eau pour faire cuire 500 g de pâtes. Ajoutez ensuite environ 2 cuillerées à soupe de sel.

2 Mettre les pâtes dans l'eau

Plongez les pâtes sèches dans l'eau en une seule fois. Enfoncez-les dans l'eau à l'aide d'une cuillère en bois pour qu'elles cuisent de façon homogène.

3 Remuer les pâtes

Remuez les pâtes de temps en temps avec une cuillère en bois, pour qu'elles ne collent pas les unes aux autres. Réglez le feu pour que l'eau soit à petite ébullition.

4 Vérifier la cuisson des pâtes

Après 7 minutes de cuisson, prélevez une pâte, laissez-la refroidir un peu et goûtez-la. Elle doit être tendre, mais élastique. Sinon, poursuivez la cuisson 1 ou 2 minutes et goûtez à nouveau.

5 Réserver un peu d'eau de cuisson

Prélevez deux louches d'eau de cuisson. Vous pourrez utiliser plus tard cette eau amidonnée pour rectifier la consistance du plat lorsque la sauce aura été mélangée avec les pâtes.

6 Égoutter les pâtes

Mettez une passoire dans l'évier et versez-y les pâtes, tout en tenant le faitout loin de vous. Secouez la passoire pour éliminer l'excédent d'eau : les pâtes doivent rester légèrement humides.

TECHNIQUE

Couper les herbes

1 **Séparer les feuilles**
Avec les doigts, séparez les feuilles des tiges et mettez-les en tas sur une planche à découper. Ici, il s'agit de persil plat.

2 **Couper les herbes**
Appuyez les doigts sur la lame d'un couteau et imprimez un mouvement de balancier à la lame pour concasser les feuilles (gros morceaux) ou les ciseler (petits morceaux). De temps en temps, essuyez la lame.

TECHNIQUE

Couper les herbes en chiffonnade

1 **Séparer les feuilles**
Lavez les herbes et séchez-les bien pour qu'elles ne collent pas au couteau. Avec les doigts, séparer les feuilles des tiges et éliminez les feuilles décolorées ou flétries.

2 **Empiler les feuilles**
Superposez 5 ou 6 feuilles, de préférence de même taille. Posez les plus petites sur le dessus.

3 **Rouler les feuilles**
Roulez les feuilles ensemble dans la longueur en les serrant le plus possible.

4 **Couper les feuilles en fines lanières**
À l'aide d'un couteau de chef, coupez les feuilles en fines lanières (chiffonnade) dans la largeur.

TECHNIQUE

Nettoyer les champignons

1 **Couper le pied**
À l'aide d'un couteau d'office, coupez une lamelle à l'extrémité du pied de chaque champignon et jetez-la. Si les pieds sont secs, ôtez complètement les extrémités.

2 **Nettoyer les saletés**
À l'aide d'une petite brosse ou de papier absorbant humide, frottez doucement chaque champignon pour le nettoyer.

TECHNIQUE

Émonder les tomates

1 **Inciser les tomates**
Avec un couteau d'office, faites une incision en croix à la base des tomates, cela facilitera l'épluchage.

2 **Blanchir les tomates**
Faites bouillir de l'eau et à l'aide d'une écumoire, plongez-y les tomates. Laissez-les 15 secondes : c'est ce qu'on appelle « blanchir ». La peau va commencer à se décoller.

3 **Rafraîchir les tomates**
Toujours à l'aide de l'écumoire, plongez immédiatement les tomates dans un saladier rempli d'eau froide et de glaçons. Ce choc « thermique » arrête la cuisson et préserve la couleur des tomates.

4 **Émonder les tomates**
Dès qu'elles sont rafraîchies, sortez les tomates de l'eau, et avec un couteau d'office, enlevez la peau en la soulevant à l'endroit de l'incision. Elle se détache très facilement.

Épépiner et concasser les tomates

1 Couper les tomates en deux
Les tomates olivettes sont idéales pour les plats de pâtes, car elles ont beaucoup de chair et peu de pépins. Coupez les tomates pelées en deux dans la longueur avec un couteau de chef.

2 Éliminer les pépins
Pressez doucement chaque demi-tomate au-dessus d'un bol pour extraire les pépins. Poussez, si nécessaire, avec le doigt pour éliminer tous les pépins et l'eau de végétation.

LE CONSEIL DU CHEF
S'il reste des parties blanches ou jaunes, retirez-les. Elles n'ont pas beaucoup de goût et ont une texture fibreuse. S'il y en a beaucoup, jetez la tomate.

3 Enlever le pédoncule
Pour retirer la partie verte ou blanche qui se trouve en haut de chaque demi-tomate, faites une entaille en forme de V. Attention cependant à ne pas enlever trop de chair.

4 Couper en tranches
Posez les demi-tomates à plat sur une planche. Avec un couteau de chef, en maintenant la tomate d'une main, coupez des tranches régulières d'environ 5 mm d'épaisseur.

5 Concasser les tomates
Avec les doigts, maintenez les tranches ensemble, et coupez-les dans l'autre sens, sur 5 mm de large, pour obtenir des petits cubes. Poussez-les au fur et à mesure avec la lame pour dégager le plan de travail.

Couper les carottes en dés

1 Peler les carottes
Choisissez des carottes de belle qualité. Utilisez un couteau économe pour enlever la peau, puis avec un couteau de chef, supprimez les deux extrémités.

2 Couper en tronçons
Coupez la carotte en tronçons longs de 6 ou 7 cm maximum. Les morceaux seront ainsi plus faciles à manipuler et à découper.

3 Faciliter la coupe
Avant de recouper chaque tronçon, tranchez une fine lamelle sur un côté afin de créer une surface plate et posez le morceau sur cette face : il sera bien stable.

4 Couper en tranches
Taillez dans le sens de la longueur des tranches de l'épaisseur souhaitée (ex. : pour des dés de 5 mm de côté, taillez des tranches de 5 mm d'épaisseur).

5 Former des bâtonnets
Superposez deux ou trois tranches sur leur grande largeur et coupez des tranches de même épaisseur qu'à l'étape précédente, dans le sens de la longueur, pour former des bâtonnets.

6 Couper les carottes en dés
Découpez alors ces bâtonnets en cubes. Répétez ces opérations pour chaque carotte. Les dés obtenus seront ainsi réguliers et cuiront de manière homogène.

Couper le céleri en dés

1 Couper la racine
Choisissez un céleri ferme, sans taches, dont les feuilles sont fraîches. Coupez le pied terreux avec un couteau de chef et rincez les branches.

2 Hacher les feuilles
Les feuilles du céleri, très odorantes, sont utilisées pour parfumer certains plats. Vous les couperez alors au couteau selon les indications données dans la recette.

LE CONSEIL DU CHEF
Si la tige du céleri est un peu fibreuse ou si la couche externe est légèrement dure et épaisse, pelez-la avec un couteau économe, ce qui entraînera également les fils.

3 Découper en tronçons
Coupez les côtes du céleri en tronçons longs de 6 ou 7 cm maximum, ainsi les morceaux seront plus faciles à manipuler et à découper.

4 Former des bâtonnets
Coupez les côtés sur la longueur pour former des bâtonnets de l'épaisseur souhaitée (ex. : 5 mm d'épaisseur pour obtenir ensuite des dés de 5 mm de côté).

5 Couper le céleri en dés
Recoupez alors ces bâtonnets en cubes, dans l'autre sens. Les dés obtenus seront ainsi réguliers et cuiront de manière homogène.

Hacher un oignon

1 **Couper l'oignon en deux**
Posez l'oignon à plat sur une planche à découper et coupez-le en deux dans la longueur avec un couteau de chef : il sera plus facile à peler et à découper.

2 **Peler l'oignon**
Avec un couteau d'office, soulevez la pelure près de la tige et tirez. Enlevez également la première couche de l'oignon si elle présente des zones sèches.

3 **Préparer l'oignon**
Coupez nettement les deux extrémités, en laissant une partie de la racine pour que les couches ne se séparent pas. Posez l'oignon à plat sur la planche à découper, racine tournée vers l'extérieur.

4 **Couper à la verticale**
Tenez fermement l'oignon. Avec le couteau de chef, coupez des tranches dans la longueur, sans aller jusqu'à la racine. L'épaisseur des tranches dépend de la grosseur des morceaux souhaitée.

5 **Couper à l'horizontale**
Maintenez bien l'oignon avec les doigts d'une main. En maniant le couteau parallèlement à la planche, coupez des tranches horizontales, de l'épaisseur voulue.

6 **Hacher l'oignon**
Tenez toujours l'oignon fermement et coupez les tranches dans l'autre sens pour obtenir de petits dés réguliers. La cuisson sera ainsi plus homogène.

Hacher l'ail

1 Écraser la gousse
Avec le plat de la lame d'un couteau de chef, pressez fermement la gousse d'ail contre le plan de travail. C'est inutile si vous devez hacher la gousse. Si vous devez la couper en lamelles, ne l'écrasez pas trop.

2 Peler et couper en deux la gousse
La pression exercée par le couteau fait craqueler la peau. Pressez simplement la gousse entre vos doigts pour l'éliminer. Coupez la gousse en deux dans le sens de la longueur.

LE CONSEIL DU CHEF
Si en coupant les gousses d'ail en deux, vous trouvez un germe, éliminez-le systématiquement en le décollant avec la pointe d'un couteau d'office, car il donnerait un goût trop fort à votre préparation.

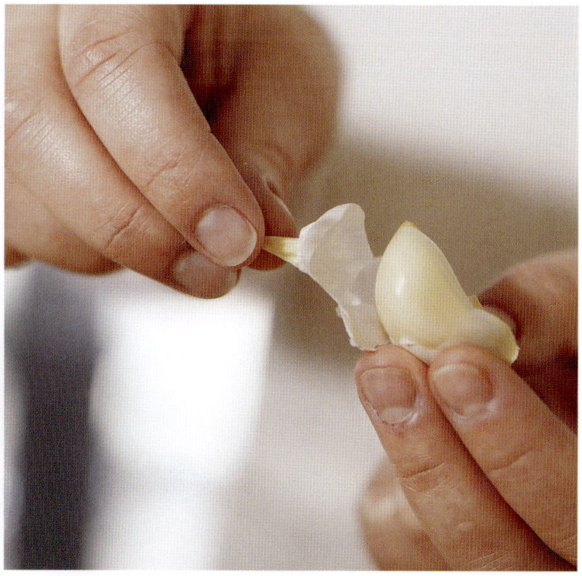

3 Couper l'ail en lamelles
Posez une moitié de gousse sur la planche, puis détaillez-la en lamelles régulières. Pour obtenir de l'ail haché, réunissez toutes les lamelles en piles sur la planche.

4 Hacher l'ail
Posez vos doigts sur la lame du couteau, puis de manière régulière et en effectuant un mouvement de balancier, hachez délicatement les lamelles obtenues précédemment.

5 Hacher l'ail finement
Rassemblez en un tas l'ail haché, puis continuez à hacher jusqu'à ce que vous obteniez des morceaux très fins.

3

Les pâtes fraîches

Ne vous laissez pas impressionner... vous apprendrez très vite à confectionner des pâtes fraîches : il vous faut, avant tout, maîtriser la manipulation de la pâte, savoir abaisser, découper, façonner et farcir différents types de pâtes fraîches, puis les cuire *al dente*... Enfin, vous les accompagnerez de délicieuses sauces qui sublimeront leur saveur subtile.

2

3

4

RECETTE DE BASE

Fettuccine à la sauce bolognaise

La sauce bolognaise doit sa saveur riche et intense à sa cuisson très lente, mais également à sa base, le *soffrito,* mélange de carottes, d'oignon, de céleri et de pancetta. Cette sauce savoureuse, enrichie de crème fraîche, enrobe merveilleusement les pâtes.

1 Détailler la pancetta

Empilez les tranches de pancetta sur une planche à découper. À l'aide d'un couteau de chef, coupez la pancetta en lanières d'environ 5 mm de largeur. Recoupez ces lanières dans leur largeur pour former des dés de 5 mm de côté. Réservez les dés de pancetta dans un bol.

2 Détailler les légumes

Pour plus d'informations concernant la préparation des carottes, du céleri et des oignons, reportez-vous pp. 42-44. Pelez les carottes avec un couteau économe, puis coupez-les en dés de 5 mm de côté avec un couteau de chef. Éliminez les deux extrémités de la côte de céleri, puis le reste, en dés de la même taille que les carottes. Coupez l'oignon en deux dans la longueur. Pelez-le et tranchez chaque moitié, toujours dans la longueur sans aller jusqu'à la racine, puis dans la hauteur et enfin dans la largeur, de façon à obtenir des dés de 5 mm de côté. Il est important que les dés soient tous de même dimension, pour permettre une cuisson homogène.

3 Préparer le *soffrito*

Prenez une grande poêle à fond épais ou une sauteuse. Posez-la sur feu moyen et ajoutez le beurre. Lorsqu'il a fondu et commence à grésiller, ajoutez les dés de carotte, de céleri, d'oignon et de pancetta. Répartissez-les bien dans la sauteuse avec une cuillère en bois ou une spatule. Faites-les cuire environ 30 minutes, en remuant sans cesse, jusqu'à ce qu'ils soient très tendres, bien dorés et sentent le caramel. Si vous trouvez qu'ils brunissent trop vite, réduisez le feu et ajoutez une ou deux cuillerées à soupe d'eau chaude pour ralentir la cuisson.

4 Faire revenir la viande

Ajoutez les viandes de porc et de bœuf hachées dans la sauteuse et remuez. Faites cuire environ 20 minutes sur feu moyen, en remuant régulièrement pour casser les grumeaux de viande. Une fois que tout le liquide est évaporé et que la viande est dorée, retirez la sauteuse du feu. La viande ne doit surtout pas trop brunir et sécher : cela l'empêcherait d'absorber les autres saveurs de la sauce et le plat fini n'aurait pas l'onctuosité souhaitée. ›

POUR 4 PERSONNES EN PLAT PRINCIPAL
OU 6 À 8 PERSONNES EN ENTRÉE

Pour la sauce bolognaise

60 g de pancetta, coupée en tranches épaisses

2 petites carottes

1 côte de céleri

1 oignon jaune

30 g de beurre

250 g de viande de porc hachée

250 g de viande bœuf hachée (macreuse)

10 cl de vin rouge

1/2 boîte (240 g) de tomates pelées, égouttées et concassées

1 à 2 cuill. à soupe de concentré de tomates

50 cl de bouillon de bœuf, et un peu plus, si besoin, pour allonger la sauce

1/2 cuill. à café de sel

3 tours de moulin à poivre

3 pincées de muscade, fraîchement râpée

4 cuill. à soupe de crème fraîche

Pour la pâte fraîche aux œufs

400 g de farine de blé + 2 à 3 cuill. à soupe, pour le plan de travail

4 gros œufs

2 cuill. à café d'huile d'olive vierge extra

Sel pour la cuisson des pâtes

60 g de parmesan fraîchement râpé (facultatif)

Déglacer les légumes et la viande cuits au vin apporte complexité et intensité à cette sauce longuement mijotée.

L'utilisation d'un robot ménager et d'un laminoir pour malaxer, pétrir et abaisser la pâte fraîche vous fera gagner beaucoup de temps.

5 Faire mijoter la sauce

Versez le vin et grattez le fond de la sauteuse pour détacher tous les sucs. Faites cuire environ 2 minutes, jusqu'à l'évaporation du vin. Ajoutez les tomates, 1 cuillerée à soupe de concentré de tomates, le bouillon, le sel, le poivre et la muscade. Lorsque le mélange frémit, réduisez le feu et poursuivez la cuisson sur feu très doux environ 1 heure, en remuant de temps en temps. Si la sauce devient trop épaisse et se dessèche, ajoutez un peu de bouillon. Couvrez ensuite la sauteuse à demi et poursuivez la cuisson sur feu très doux pendant encore 1 heure. Si vous préférez une sauce plus rouge et révélant davantage la tomate, ajoutez 1 cuillerée à soupe de concentré de tomates après la première heure de cuisson. Pendant que la sauce mijote, écrasez la viande et les légumes avec le dos de la cuillère en bois pour casser les gros morceaux et obtenir une sauce plus onctueuse. Lorsque la sauce est prête, éliminez avec une cuillère la graisse en surface. Incorporez la crème. Couvrez et laissez mijoter.

6 Malaxer la pâte et la pétrir légèrement à la main

Pour plus d'informations concernant la préparation de la pâte fraîche aux œufs, reportez-vous p. 22. Versez 325 g de farine dans le bol du robot, équipé de sa lame métallique, et réservez le reste. Ajoutez les œufs et l'huile d'olive, puis mixez environ 10 secondes, jusqu'à ce que la pâte soit humide et grumeleuse. Le cas échéant, mixez 30 secondes supplémentaires en ajoutant de la farine, cuillerée par cuillerée. Une boule de pâte va se former au-dessus de la lame. Farinez-vous les mains et choisissez, de préférence, un plan de travail légèrement « rugueux ». Posez le pâton au centre. Pétrissez la pâte 1 à 2 minutes, jusqu'à ce qu'elle soit humide, mais non collante et d'un jaune uniforme. Formez une boule avec le pâton, couvrez-la d'un saladier retourné et laissez-la reposer 30 minutes.

7 Abaisser la pâte avec le laminoir

Pour plus d'informations concernant cette opération, reportez-vous p. 32. Coupez le pâton en quatre portions égales et placez-en trois sous le saladier. Aplatissez la dernière en un disque de 1 cm d'épaisseur. Tournez la molette du laminoir de façon à écarter les cylindres au maximum, puis farinez-les. Passez le disque de pâte obtenu entre les cylindres. Pliez la pâte en trois, farinez une face et repassez-la dans le laminoir.

8 Abaisser le reste de la pâte

Recommencez 8 à 10 fois cette opération en rapprochant les cylindres d'un cran à chaque passage et en farinant la pâte si elle devient collante. À ce stade, il n'est plus nécessaire de la plier. Vous devez obtenir une abaisse lisse, satinée et un peu transparente, de 2 mm d'épaisseur (ce qui correspond à l'avant-dernier cran de la molette).

9 Laisser légèrement sécher la pâte

Coupez l'abaisse en morceaux d'environ 25 cm de long. Disposez-les à plat sur une plaque de four farinée ou sur un torchon non pelucheux et fariné. Répétez les étapes 7 à 9 pour le reste de la pâte. Laissez sécher 10 à 20 minutes. ›

10 Découper la pâte en fettuccine

Pour plus d'informations concernant la découpe des fettuccine, reportez-vous p. 33. Fixez l'accessoire de découpe et la manivelle sur le laminoir. Une par une, passez les plaques de pâte dans l'accessoire et tournez la manivelle pour obtenir des rubans d'environ 6 mm de large. Disposez-les à plat sur une plaque de four légèrement farinée et laissez-les sécher 10 à 20 minutes, pendant que vous faites chauffer l'eau.

11 Cuire les fettuccine

Placez dans le four préchauffé à 95 °C (th. 2-3) des assiettes creuses. Pour plus d'informations concernant la cuisson des fettuccine frais, reportez-vous p. 36. Remplissez un faitout d'eau aux trois quarts et portez à ébullition. Ajoutez 2 cuillerées à soupe de sel, puis les pâtes en une seule fois et remuez doucement pour les empêcher de coller. Faites cuire les pâtes, de 1 minute 30 à 2 minutes, en remuant de temps en temps, jusqu'à ce qu'elles soient *al dente*, c'est-à-dire tendres, mais encore élastiques.

12 Vérifier l'assaisonnement de la sauce

Pendant que les pâtes cuisent, réchauffez la sauce sur feu doux. Goûtez-la. Si elle est fade, ajoutez un peu de sel. Si elle n'est pas suffisamment relevée, ajoutez du poivre ou de la muscade. Assaisonnez par petites quantités jusqu'à l'obtention du goût souhaité. N'oubliez pas que la saveur sera atténuée une fois que la sauce sera mélangée avec les pâtes

13 Égoutter les fettuccine

Réservez deux louches d'eau de cuisson des pâtes pour rectifier ultérieurement la consistance du plat. Versez les pâtes dans une passoire et secouez-la pour éliminer l'excédent d'eau. Laissez un peu d'humidité pour que les pâtes ne se collent pas les unes aux autres.

14 Mélanger les fettuccine et la sauce

Versez les pâtes égouttées dans la sauteuse contenant la sauce. Avec deux cuillères en bois, mélangez en ramenant les pâtes du fond vers le dessus, jusqu'à ce qu'elles soient toutes enrobées de sauce. Comptez environ 30 secondes. Si le mélange vous paraît sec, ajoutez un peu de l'eau de cuisson réservée et continuez à remuer. Chaque ruban de pâte doit être enrobé de sauce.

15 Servir les fetuccine à la sauce bolognaise

Avec une pince à spaghetti, répartissez les pâtes dans les assiettes chaudes. Récupérez la sauce restant dans la sauteuse avec une louche. Servez sans attendre avec du parmesan.

La touche finale

En Italie, les pâtes sont souvent consommées en « premier plat », c'est-à-dire au début du repas. Ailleurs, on les propose le plus souvent en plat unique. Les pâtes présentent l'avantage de pouvoir être servies de diverses façons : en entrée, en plus petites portions, dans un grand plat pour un repas plus informel, en famille ou entre amis, ou encore en assiettes individuelles.

En entrée (en haut, à gauche)
Enroulez les fettuccine autour d'une grande fourchette pour les présenter en nid au centre de l'assiette.

En plat « familial » (à gauche)
Pour un repas informel, mettez les pâtes et la sauce mélangées dans un grand plat préalablement chauffé. N'oubliez pas de préparer les couverts de service appropriés !

En assiette individuelle (ci-dessus)
Servez les pâtes dans des assiettes creuses chauffées. Pour les déguster, chaque convive enroule quelques rubans de pâtes autour de sa fourchette en s'aidant éventuellement d'une cuillère à soupe.

6
7>>

5 Laisser légèrement sécher la pâte

Coupez l'abaisse en morceaux d'environ 10 cm de long. Disposez-les à plat sur une plaque de four farinée ou un torchon non pelucheux et fariné. Répétez les étapes 3 à 5 pour le reste de la pâte. Laissez sécher 10 à 20 minutes : la pâte s'affermit, facilitant la découpe.

6 Découper la pâte en fettuccine

Pour plus d'informations concernant la découpe des fettuccine, reportez-vous p. 33. Fixez l'accessoire à découpe et la manivelle sur le laminoir. Une par une, passez les plaques de pâte dans l'accessoire et tournez la manivelle pour obtenir des rubans d'environ 5 mm de large. Disposez-les à plat sur la plaque de four légèrement farinée et laissez-les sécher 10 à 20 minutes pendant que vous préparez la sauce.

7 Préparer la sauce

Placez, dans le four préchauffé à 95 °C (th. 2-3), des assiettes creuses. Râpez finement le fromage sur la grille la plus fine d'une mandoline. Dans une sauteuse de 30 cm de diamètre, faites fondre le beurre sur feu moyen. Une fois le beurre fondu, ajoutez la crème et le sel, puis faites chauffer jusqu'à l'apparition de petites bulles. Laissez la sauce épaissir environ 5 minutes, puis retirez la sauteuse du feu. Cette étape d'épaississement est essentielle, car si la sauce est trop liquide, elle coulera au fond du plat au lieu d'enrober les pâtes.

8 Cuire les fettuccine

Pour plus d'informations concernant la cuisson des fettuccine frais, reportez-vous p. 36. Remplissez un faitout d'eau aux trois quarts et portez à ébullition. Ajoutez 2 cuillerées à soupe de sel, puis les pâtes en une seule fois, et remuez pour les empêcher de coller. Faites cuire les pâtes, de 1 minute 30 à 2 minutes, en remuant de temps en temps, jusqu'à ce qu'elles soient *al dente,* c'est-à-dire tendres, mais encore élastiques. >

LE TRUC DU CHEF

Ajouter le sel lorsque l'eau bout active l'ébullition et permet à la température de l'eau de ne pas trop baisser lorsqu'on y plonge les pâtes.

8>

9 Vérifier l'assaisonnement de la sauce

Pendant que les pâtes cuisent, réchauffez la sauce sur feu doux. Goûtez-la. N'oubliez pas que le fromage apportera une certaine quantité de sel. Ajustez l'assaisonnement et ajoutez si nécessaire du sel ou du poivre par petites quantités.

LE TRUC DU CHEF

Pour chauffer rapidement des assiettes creuses, versez-y un peu d'eau de cuisson bouillante. Remuez, puis jetez l'eau et remplissez l'assiette de pâtes assaisonnées.

10 Égoutter les fettuccine

Réservez deux louches d'eau de cuisson des pâtes pour rectifier ultérieurement la consistance du plat. Versez les pâtes dans une passoire et secouez pour éliminer l'excédent d'eau. Laissez un peu d'humidité pour que les pâtes ne collent pas entre elles.

11 Mélanger les fettuccine et la sauce

Versez les pâtes égouttées dans la sauteuse contenant la sauce, puis saupoudrez de parmesan. Avec deux cuillères en bois, mélangez les ingrédients pendant 30 secondes en ramenant les pâtes du fond vers le dessus, jusqu'à ce qu'elles soient toutes enrobées de sauce et de fromage.

12 Verifier la consistance du plat

Si le mélange vous paraît sec, ajoutez un peu de l'eau de cuisson réservée et continuez à remuer. Chaque ruban de pâte doit être enrobé de sauce de façon homogène et prendre un aspect humide et satiné.

13 Servir les fettuccine Alfredo

Avec une pince à spaghetti, répartissez les pâtes dans les assiettes chaudes. Récupérez la sauce restant dans la sauteuse avec une louche. Servez sans attendre.

La touche finale

Les fettuccine Alfredo sont riches en saveurs et pour autant, d'une extrême simplicité. Pour soigner leur présentation, essayez l'une de ces délicieuses suggestions : une pincée de muscade fraîche pour une note épicée ; des copeaux de truffe blanche ou un filet d'huile à la truffe pour les grandes occasions ; ou des copeaux de parmesan pour remplacer le fromage râpé pour le plaisir des yeux et du palais !

Muscade (en haut, à gauche)
Saupoudrez chaque assiette de pâtes d'un peu de muscade fraîchement rapée. N'en abusez pas !

Huile à la truffe (ci-contre)
Des copeaux de truffe blanche ajoutent une touche raffinée aux fettuccine Alfredo. Onéreuse et pas toujours disponible, elle peut être remplacée tout simplement par de l'huile parfumée à la truffe.

Copeaux de parmesan (ci-dessus)
Remplacez à table le parmesan râpé par un morceau de parmesan et un couteau économe : chaque convive taillera de fins copeaux, qui ajouteront de la texture aux pâtes.

Variations autour d'un thème : les sauces à la crème pour fettuccine

Traditionnellement, les rubans de pâte fraîche aux œufs, comme les fettuccine, se marient avec des sauces au beurre et à la crème, qui les enrobent sans masquer leur goût. Une fois que vous maîtrisez la préparation de la sauce Alfredo (p. 55), essayez l'une de ces six variantes à base de légumes nouveaux, de champignons d'automne ou de beurre de sauge. Chaque variante est prévue pour 6 (en plat principal) ou 8 personnes (en entrée).

Fettuccine *primavera*

Dans la sauce *primavera* – « printemps » –, les cinq légumes sautés apportent une pointe de fraîcheur à la sauce Alfredo de base.

Préparez, abaissez et découpez de la **pâte fraîche aux œufs (p. 22)** en fettuccine. Répartissez les fettuccine sur une plaque de four farinée pour les faire sécher.

Pendant ce temps, préparez la sauce : dans une sauteuse de 30 cm de diamètre, faites fondre sur feu moyen **60 g de beurre.** Ajoutez **1 petit oignon jaune coupé en dés, 2 carottes, pelées et coupées en dés, 125 g de haricots verts, coupés en tronçons de 10 mm de long, 150 g de pointes d'asperges** et **75 g de poivron rouge, coupé en dés.** Faites sauter les légumes environ 5 minutes, jusqu'à ce qu'ils soient presque tendres. Réduisez le feu, ajoutez **25 cl de crème fraîche liquide** et laissez frémir 5 minutes, jusqu'à épaississement. Assaisonnez.

Faites cuire les fettuccine 1 minute 30 à 2 minutes. Réservez un peu de leur eau de cuisson et égouttez-les. Mélangez les pâtes avec la sauce et **100 g de parmesan fraîchement râpé,** jusqu'à ce qu'ils soient bien enrobés. Rectifiez la consistance avec l'eau de cuisson réservée. Servez sans attendre.

Fettuccine aux petits pois, poivron et jambon cru

Quatre saveurs complémentaires pour un plat de pâtes… plus substantiel.

Préparez, abaissez et découpez de la **pâte fraîche aux œufs (p. 22)** en fettuccine. Répartissez les fettuccine sur une plaque de four farinée pour les faire sécher.

Pendant ce temps, plongez **150 g de petits pois frais ou surgelés** dans de l'eau salée en ébullition et faites-les cuire 1 minute s'ils sont frais, 4 minutes s'ils sont surgelés, jusqu'à ce qu'ils soient tendres. Égouttez-les, rafraîchissez-les dans de l'eau froide, puis égouttez-les à nouveau.

Préparez la sauce : dans une sauteuse de 30 cm de diamètre, faites fondre sur feu moyen **60 g de beurre.** Ajoutez **20 cl de crème fraîche liquide** et laissez frémir 5 minutes, jusqu'à épaississement. Ajoutez **60 g de dés de jambon cru, 180 g de poivron rouge grillé coupé en dés** et les petits pois. Assaisonnez.

Faites cuire les fettuccine 1 minute 30 à 2 minutes. Réservez un peu de leur eau de cuisson et égouttez-les. Mélangez les fettuccine avec la sauce et **100 g de parmesan fraîchement râpé,** jusqu'à ce qu'ils soient bien enrobés. Rectifiez la consistance avec l'eau de cuisson réservée. Servez sans attendre.

Fettuccine au gorgonzola et à la crème

Le gorgonzola donne à la sauce une saveur piquante et plus intense. Préférez le gorgonzola *dolce* pour une saveur douce ou *naturale* pour une sauce plus forte.

Préparez, abaissez et découpez de la **pâte fraîche aux œufs (p. 22)** en fettuccine. Répartissez les fettuccine sur une plaque de four farinée pour les faire sécher.

Pendant ce temps, préparez la sauce : dans une sauteuse de 30 cm de diamètre, faites fondre sur feu moyen **30 g de beurre.** Ajoutez **25 cl de crème fraîche liquide** et laissez frémir environ 5 minutes, jusqu'à épaississement.

Faites cuire les fettuccine 1 minute 30 à 2 minutes. Réservez un peu de leur eau de cuisson et égouttez-les. Mélangez-les avec la sauce, **150 g de gorgonzola émietté** et **100 g de parmesan fraîchement râpé,** jusqu'à ce qu'ils soient bien enrobés. Rectifiez la consistance avec l'eau de cuisson réservée. Servez sans attendre.

Fettuccine aux champignons et à la crème

Lorsque l'automne et sa fraîcheur arrivent, la saveur des champignons se marie agréablement avec une sauce à la crème.

Préparez, abaissez et découpez de la **pâte fraîche aux œufs (p. 22)** en fettuccine. Répartissez les fettuccine sur une plaque de four farinée pour les faire sécher.

Pendant ce temps, préparez la sauce : dans une sauteuse de 30 cm de diamètre, faites fondre sur feu moyen **30 g de beurre.** Ajoutez **300 g de champignons de Paris coupés en lamelles, 1/2 cuill. à café de sel** et **3 tours de moulin à poivre.** Faites sauter les champignons environ 10 minutes, jusqu'à ce que l'eau de végétation se soit évaporée et qu'ils soient bien dorés. Réduisez le feu, ajoutez **25 cl de crème fraîche liquide** et laissez frémir 5 minutes, jusqu'à épaississement. Incorporez **2 cuill. à soupe de persil plat haché.** Vérifiez l'assaisonnement.

Faites cuire les fettuccine 1 minute 30 à 2 minutes. Réservez un peu de leur eau de cuisson et égouttez-les. Mélangez-les avec la sauce jusqu'à ce qu'ils soient bien enrobés. Rectifiez la consistance avec l'eau de cuisson réservée. Servez sans attendre.

LE TRUC DU CHEF

Ces sauces crémeuses accompagnent parfaitement les fettuccine frais, mais aussi d'autres pâtes fraîches plus larges, telles que les pappardelle ou les tagliatelle. Pour les préparer, étalez d'abord finement la pâte avec un rouleau à pâtisserie, puis passez chaque feuille dans un cylindre et coupez les abaisses perpendiculairement avec un couteau de chef.

Fettuccine aux crevettes, à la tomate et à la crème

Le saveur douce des crevettes et le côté acidulé des tomates s'accordent parfaitement avec une sauce crémeuse et délicate.

Préparez, abaissez et découpez de la **pâte fraîche aux œufs (p. 22)** en fettuccine. Répartissez les fettuccine sur une plaque de four farinée pour les faire sécher.

Pendant ce temps, préparez la sauce : dans une sauteuse de 30 cm de diamètre, faites fondre sur feu moyen **30 g de beurre.** Ajoutez **1 échalote coupée en dés** et faites-la fondre environ 4 minutes. Ajoutez **300 g de crevettes décortiquées et hachées, 1 tomate olivette pelée, épépinée et concassée, 1/2 cuill. à café de sel** et **3 tours de moulin à poivre.** Faites sauter le tout 2 à 3 minutes. Réduisez le feu, ajoutez **25 cl de crème fraîche liquide** et laissez frémir environ 5 minutes, jusqu'à épaississement. Incorporez **20 feuilles de basilic hachées.** Vérifiez l'assaisonnement.

Faites cuire les fettuccine 1 minute 30 à 2 minutes. Réservez un peu de leur eau de cuisson et égouttez-les. Mélangez-les avec la sauce jusqu'à ce qu'ils soient bien enrobés. Rectifiez la consistance avec l'eau de cuisson réservée. Servez sans attendre.

Fettuccine au beurre de sauge

Très proche de la sauce Alfredo, bien que « sans crème », la sauge apporte une touche aromatique tandis que les pâtes sont soulignées d'une pointe de poivre noir.

Préparez une **pâte fraîche aux œufs (p. 22),** en incorporant **1 cuill. à café de poivre noir fraîchement moulu** à la farine, avant d'y ajouter les œufs. Abaissez la pâte et découpez-la en fettuccine. Répartissez les fettuccine sur une plaque de four farinée pour les faire sécher.

Pendant ce temps, préparez la sauce : dans une sauteuse de 30 cm de diamètre, mélangez **125 g de beurre** avec **2 cuill. à soupe d'eau, 3 ou 4 feuilles de sauge fraîche** et **1/4 cuill. à café de sel.** Faites chauffer, en remuant avec une cuillère en bois, jusqu'à ce que le beurre soit fondu. Retirez la casserole du feu et vérifiez l'assaisonnement.

Faites cuire les fettuccine 1 minute 30 à 2 minutes. Réservez un peu de leur eau de cuisson et égouttez-les. Mélangez-les avec la sauce et **100 g de parmesan fraîchement râpé** jusqu'à ce qu'ils soient bien enrobés. Rectifiez la consistance avec l'eau de cuisson réservée. Servez sans attendre.

Orecchiette aux brocolis et à la saucisse

La légère amertume des brocolis s'allie parfaitement à la saucisse. Lorsque l'on mélange les pâtes et la sauce, ces deux ingrédients se logent dans les cavités des orecchiette, de sorte que chaque bouchée est une explosion de saveurs. Préparez, de préférence, ce plat chaleureux en hiver.

POUR 4 À 6 PERSONNES

Pour la pâte fraîche à la semoule

300 g de farine de blé + 2 à 3 cuill. à soupe, pour le plan de travail

100 g de semoule de blé dur très fine ou de farine de semoule de blé dur remoulue

1/2 cuill. à café de sel

20 cl d'eau chaude (40 °C)

Pour la sauce aux brocolis et à la saucisse

2 gros brocolis, soit environ 1 kg

250 g de saucisse de Morteau

4 cuill. à soupe d'huile d'olive

4 grosses gousses d'ail, finement émincées

3 pincées de piment en poudre

1/2 cuill. à café de sel

Sel pour la cuisson des pâtes

60 g de pecorino ou de parmesan, fraîchement râpé

1 Malaxer la pâte

Pour plus d'informations concernant la préparation de la pâte fraîche à la semoule, reportez-vous p. 26. Versez la farine, la semoule et le sel, dans le bol d'un robot, équipé de sa lame métallique. Mixez et ajoutez 12 cl d'eau chaude en filet, pour humidifier la pâte. Le cas échéant, ajoutez le reste d'eau, cuillerée par cuillerée. Une boule de pâte se forme au-dessus de la lame après 30 secondes de malaxage. Pincez la pâte entre le pouce et l'index. Elle doit être légèrement humide, sans être collante. Si elle semble trop sèche, ajoutez 1 cuillerée à café d'eau et mixez à nouveau. Si vous ajoutez plus d'eau que nécessaire, la pâte sera trop souple pour être modelée.

2 Pétrir la pâte à la main et la laisser reposer

Farinez-vous les mains et choisissez un plan de travail légèrement « rugueux ». Posez le pâton au centre. Avec la paume d'une main, repoussez la boule, puis soulevez-la et tournez-la d'un quart de tour. Répétez l'opération en farinant un peu la pâte, si besoin, jusqu'à ce qu'elle soit humide, sans être collante. Cette opération de pétrissage prend 1 ou 2 minutes. Formez une boule avec le pâton. Couvrez-la d'un saladier retourné et laissez-la reposer 30 minutes.

3 Rouler la pâte en baguettes et la découper en tronçons

Pour plus d'informations concernant le façonnage des orecchiette, reportez-vous p. 34. Nettoyez le plan de travail, puis farinez-le à nouveau. Avec un coupe-pâte ou un couteau de chef, divisez la pâte en quatre portions égales et roulez chacune en petit cylindre. Posez un cylindre au centre du plan de travail. Avec les deux mains, faites rouler le cylindre d'avant en arrière, en déplaçant petit à petit vos mains vers les extrémités, pour former une baguette d'environ 12 mm de diamètre. Répétez l'opération pour les autres cylindres. Avec le coupe-pâte ou le couteau de chef, coupez des tronçons de 12 mm de long.

4 Modeler les orecchiette

Placez l'index le long de la lame d'un couteau à bout arrondi. Avec la pointe du couteau, aplatissez chaque tronçon de pâte et tirez légèrement la lame vers vous de façon à former un disque. Posez chaque disque sur l'extrémité de votre pouce et incurvez-le en forme de coupelle. Posez les orecchiette sur une plaque de four farinée, en les espaçant pour qu'elles ne se collent pas les unes aux autres. ›

LE TRUC DU CHEF

Mieux vaut éviter de rincer les pâtes cuites sous l'eau au risque d'éliminer l'amidon qui permet à la sauce d'adhérer aux pâtes.

5 Préparer les brocolis

Éliminez les feuilles flétries ou jaunies des brocolis. Raccourcissez les tiges de 3 à 4 cm. Posez les brocolis sur une planche à découper et coupez-les dans la largeur en lanières de 10 mm.

6 Faire revenir la saucisse

À l'aide d'un couteau d'office, retirez la peau de la saucisse. Placez une poêle de 30 cm de diamètre sur feu moyen et versez-y 1 cuillerée à soupe d'huile d'olive. Lorsqu'elle est chaude, faites revenir la saucisse environ 15 minutes, jusqu'à ce qu'elle soit dorée, en déchirant la chair en morceaux avec une cuillère en bois. Avec une écumoire, transférez les morceaux de chair sur une planche à découper et, si besoin, hachez-la en morceaux de la taille d'un petit pois.

7 Préparer la sauce

Remettez la poêle sur feu moyen et versez le reste de l'huile d'olive. Lorsqu'elle est chaude, ajoutez l'ail et le piment et faites cuire environ 2 minutes, en remuant régulièrement, jusqu'à ce que l'ail soit doré. Ajoutez les brocolis et le sel, couvrez et faites cuire 5 minutes : les brocolis réduisent beaucoup. Incorporez la chair des saucisses et 4 cuillerées à soupe d'eau. Faites cuire 5 minutes, en remuant, jusqu'à ce que l'eau se soit évaporée et que les brocolis soient tendres. Retirez alors la poêle du feu.

8 Verifier l'assaisonnement de la sauce

Goûtez la sauce. Si elle est fade, ajoutez un peu de sel ou de piment jusqu'à l'obtention du goût souhaité. N'oubliez pas que la saveur s'atténuera une fois que la sauce sera mélangée avec les pâtes.

9 Cuire et égoutter les orecchiette

Placez, dans le four à 95 °C (th. 2-3), des assiettes creuses. Remplissez un faitout d'eau aux trois quarts, portez à ébullition et ajoutez environ 2 cuillerées à soupe de sel. Ajoutez les pâtes en une seule fois et remuez doucement pour les empêcher de coller. Faites cuire les pâtes, en remuant régulièrement, jusqu'à ce qu'elles soient *al dente,* c'est-à-dire tendres, mais encore élastiques, soit 3 à 5 minutes. Pendant ce temps, réchauffez la sauce sur feu moyen. Réservez deux louches d'eau de cuisson des pâtes. Versez les pâtes dans une passoire et secouez-la pour éliminer l'excédent d'eau. Laissez un peu d'humidité pour que les pâtes ne collent pas entre elles.

10 Mélanger les orecchiette et la sauce

Transvasez les pâtes égouttées dans la poêle contenant la sauce. Avec deux cuillères ou spatules en bois, mélangez jusqu'à ce que les pâtes soient bien enrobées. Si le mélange vous paraît sec, ajoutez un peu de l'eau de cuisson réservée et continuez à remuer. Enfin, retirez la casserole du feu, ajoutez le fromage et mélangez à nouveau.

11 Servir les orecchiette aux brocolis et à la saucisse

Avec une pince à spaghetti, répartissez les pâtes dans les assiettes chaudes. Récupérez la sauce restant dans la poêle avec une louche. Servez sans attendre.

Variations autour d'un thème : les pâtes modelées

La pâte à la semoule de blé dur, élaborée sans œufs, est à la fois ferme et souple, ce qui permet de la modeler facilement en « petites oreilles », les orecchiette. La même pâte à la semoule et à l'eau peut être façonnée en petits ballons ovales, les cavatelli, qui trouvent exactement le même emploi que les orecchiette. Les sauces épaisses ou contenant des morceaux sont idéales avec ces deux pâtes, car leurs ingrédients se logent dans les cavités. Une fois que vous savez préparer la recette des orecchiette aux brocolis et à la saucisse (p. 63), il vous suffit de changer quelques ingrédients pour réaliser les variantes qui suivent. Chacune est prévue pour 4 à 6 personnes.

Orecchiette aux tomates fraîches et à la mozzarella

L'été, le trio traditionnel des tomates fraîches, du basilic et de la mozzarella est parfait pour une sauce sans cuisson, alliée idéale des orecchiette « maison ».

Préparez la **pâte fraîche à la semoule (p. 26)** et modelez-la en orecchiette (p. 34). Répartissez-les sur une plaque de four légèrement farinée pour les faire sécher.

Pendant ce temps, mettez **3 tomates olivettes pelées, épépinées et concassées** dans un grand plat creux préchauffé. Ajoutez **1 gousse d'ail émincée** et **20 feuilles de basilic frais coupées en chiffonnade.** Incorporez **4 cuillerées à soupe d'huile d'olive vierge extra, 1/2 cuill. à café de sel** et **3 tours de moulin à poivre.** Ajoutez **250 g de mozzarella coupée en dés** et mélangez bien. Vérifiez l'assaisonnement.

Faites cuire les orecchiette 3 à 5 minutes. Réservez un peu de leur eau de cuisson et égouttez-les. Mélangez-les avec la sauce à la tomate jusqu'à ce qu'elles soient bien enrobées. Rectifiez la consistance avec de l'eau de cuisson réservée. La mozzarella va se ramollir, commencer à fondre et donner une sauce crémeuse. Servez sans attendre.

Cavatelli à la sauce *arrabbiata* et au chou-fleur

La sauce *arrabbiata,* riche en piment, relève agréablement le goût du chou-fleur, et se mêle bien aux cavatelli.

Préparez la **pâte fraîche à la semoule (p. 26)** et modelez-la en cavatelli (p. 35). Étalez les cavatelli sur une plaque de four légèrement farinée pour les faire sécher.

Pendant ce temps, préparez une portion de sauce *arrabbiata* (p. 95). Ajoutez **180 g de bouquets de chou-fleur** et **4 cuill. à soupe d'eau.** Couvrez et faites cuire environ 15 minutes, jusqu'à ce que le chou-fleur soit tendre. Maintenez la sauce au chaud.

Faites cuire les cavatelli 3 à 5 minutes. Réservez un peu de leur eau de cuisson et égouttez-les. Transvasez les cavatelli dans la poêle contenant la sauce. Mélangez le tout jusqu'à ce que les pâtes soient bien enrobées et les bouquets de chou-fleur bien répartis. Rectifiez la consistance de la sauce avec l'eau de cuisson réservée. Servez sans attendre.

Cavatelli à la sauce *marinara* et à la roquette

Dans cette variante végétarienne, la sauce marinara apporte la même saveur intense que la saucisse, et la saveur poivrée de la roquette remplace l'amertume du brocoli à feuilles.

Préparez la **pâte fraîche à la semoule (p. 26)** et modelez-la en cavatelli (p. 35). Répartissez les cavatelli sur une plaque de four légèrement farinée pour les faire sécher.

Pendant ce temps, préparez une portion de sauce marinara (p. 94). Maintenez-la au chaud.

Faites cuire les cavatelli 3 à 5 minutes. Réservez un peu de leur eau de cuisson et égouttez-les. Transvasez-les dans la poêle contenant la sauce. Déchirez **60 g de roquette** avec les doigts et ajoutez-les dans la poêle. Mélangez le tout jusqu'à ce que les pâtes soient bien enrobées et que la roquette soit bien répartie. Rectifiez la consistance de la sauce avec un peu de l'eau de cuisson réservée. Parsemez le tout de **60 g de parmesan fraîchement râpé** et mélangez à nouveau. Servez sans attendre.

2

3

4

RECETTE DE BASE

Ravioli

Les ravioli « maison » sont légers et délicats. Ils renferment une fine farce : ici, du bœuf cuisiné avec des légumes, du parmesan et du vin rouge. La sauce tomate, rapide à préparer, s'habille d'un rouge intense qui forme un contraste visuel avec les carrés de pâte, couleur ivoire.

1 Préparer les ingrédients de la farce

Pour plus d'informations concernant la préparation des carottes, du céleri et de l'oignon, reportez-vous pp. 42, 43 et 44. Pelez la carotte avec un couteau économe, puis coupez-la en dés de 5 mm avec un couteau de chef. Éliminez les extrémités de la côte de céleri et coupez-la en dés de même taille que la carotte. Coupez l'oignon en deux dans la longueur et pelez chaque moitié. Placez celles-ci sur une planche à découper, face coupée à plat. Coupez-les dans la longueur en lamelles de 5 mm de large, sans aller jusqu'à la racine, puis parallèlement au plan de travail, et enfin dans la largeur pour obtenir des dés de 5 mm. Râpez finement le parmesan sur la grille d'une mandoline ou d'une râpe à fromage. Prélevez-en 60 g pour la farce et réservez le reste.

2 Cuire les légumes et le bœuf

Posez une grande poêle sur feu moyen et faites fondre le beurre. Lorsqu'il commence à mousser, ajoutez la carotte, le céleri et l'oignon. Faites cuire environ 15 minutes en remuant de temps en temps avec une cuillère en bois, jusqu'à ce que les légumes soient dorés et tendres. Ajoutez le bœuf haché, le sel et le poivre, et cassez les « grumeaux » de viande à l'aide de la cuillère. Remuez bien et faites cuire environ 10 minutes, jusqu'à ce que la viande ne soit plus rouge et que l'eau se soit évaporée. Versez le vin, portez à petite ébullition et laissez mijoter environ 2 minutes, jusqu'à l'évaporation du vin. Retirez la poêle du feu et laissez refroidir un peu.

3 Mixer la farce

Transférez la farce dans le bol d'un robot, équipé de sa lame métallique. Hachez-la finement. Ajoutez les œufs et le parmesan râpé, puis mixez brièvement. Incorporez ensuite la chapelure et mixez à nouveau. Versez la farce dans un saladier. Couvrez et laissez reposer au réfrigérateur au moins 2 heures, pour que les arômes se mêlent et que la farce s'affermisse : elle sera ainsi plus facile à manipuler.

4 Vérifier l'assaisonnement

Pour vérifier l'assaisonnement, la meilleure méthode est de frire une noix de farce et de la goûter. Faites chauffer l'huile d'olive dans une poêle sur feu moyen et mettez-y une petite cuillerée de farce. Faites-la dorer des deux côtés, soit environ 3 minutes. À l'aide d'une pince, sortez-la de la poêle et déposez-la dans une assiette. Lorsqu'elle a légèrement refroidi, goûtez-la. Rectifiez ainsi l'assaisonnement de la farce crue. ›

POUR ENVIRON 60 RAVIOLI,
SOIT 6 À 8 PERSONNES

Pour la farce au bœuf

1 carotte

1 grande côte de céleri

1 petit oignon jaune

150 g de parmesan, et un peu plus, si besoin, pour le service

30 g de beurre

375 g d'aloyau de bœuf haché

2 pincées de sel

3 tours de moulin à poivre

10 cl de vin rouge

2 gros œufs

30 g de chapelure fine

1 cuill. à soupe d'huile d'olive

1 portion de pâte fraîche aux œufs (p. 22)

Sel pour la cuisson des pâtes

1 portion de sauce tomate traditionnelle (p. 92)

POUR GAGNER DU TEMPS

Lisez bien la liste des ingrédients d'une recette avant de commencer la mise en place (p. 17). Ici, notez que la pâte et la sauce tomate doivent être prêtes avant de commencer la recette.

La roulette dentelée sert à la fois à couper, à décorer et à souder les bords des ravioli. On obtient ainsi un motif régulier et une finition nette.

Pour confectionner des ravioli, utilisez les abaisses de pâte le plus rapidement possible après leur confection. Si elles sont trop sèches, les ravioli sont difficiles à sceller.

5 Abaisser la pâte avec le laminoir

Pour plus d'informations concernant cette opération, reportez-vous p. 32. Fixez le laminoir sur le plan de travail, puis la manivelle sur la machine. Coupez le pâton en quatre portions égales et placez-en trois sous un saladier retourné. Aplatissez la dernière en un disque d'environ 1 cm d'épaisseur. Tournez la molette du laminoir de façon à écarter les cylindres au maximum, puis farinez-les. Passez le disque de pâte obtenu entre les cylindres. Pliez la pâte en trois, farinez une face et repassez-la dans le laminoir.

6 Abaisser le reste de la pâte

Recommencez 8 à 10 fois cette opération en rapprochant les cylindres d'un cran à chaque passage et en farinant la pâte si elle devient collante. À ce stade, il n'est plus nécessaire de la plier. Vous devez obtenir une abaisse lisse, satinée et un peu transparente de 2 mm d'épaisseur, correspondant à l'avant-dernier cran de la molette.

7 Découper la pâte en rectangles

Découpez la pâte en rectangles d'environ 40 x 10 cm. Placez-les à plat sur une plaque de four légèrement farinée ou un torchon non pelucheux et fariné. Répétez les étapes 5 à 7 pour le reste de la pâte. Elle ne doit pas sécher avant utilisation.

8 Farcir les ravioli

Pliez un rectangle en deux dans la longueur pour en marquer le centre, puis dépliez-le. Disposez une cuillerée à café de farce le long de la ligne centrale, en laissant un espace de 2,5 cm entre chacune. Ne farcissez pas trop les ravioli, car s'ils sont trop pleins, ils risquent d'éclater pendant la cuisson. Plongez un pinceau à pâtisserie dans de l'eau fraîche et badigeonnez légèrement le pourtour des petits tas de farce : l'eau permettra aux deux couches de pâte de coller entre elles et de maintenir la farce à l'intérieur des ravioli. Rabattez le rectangle de pâte sur la farce.

9 Sceller et séparer les ravioli

Avec les doigts, moulez la pâte autour de la farce pour éliminer les poches d'air, qui pourraient faire éclater les ravioli pendant la cuisson, et pressez bien. Passez une roulette dentelée sur les quatre côtés du rectangle de pâte, à 3 mm du bord, en éliminant le surplus, puis entre les tas de farce. Attention : tous les bords doivent être bien soudés. Disposez les ravioli en une seule couche sur deux ou trois plaques de four légèrement farinées, en les espaçant pour qu'ils ne collent pas les uns aux autres. Répétez les étapes 8 et 9 pour les autres rectangles de pâte.

10 Préparer les ingrédients et le matériel pour la cuisson

Les pâtes farcies cuisent très rapidement et doivent être servies sans attendre. Tout doit donc être prêt avant la cuisson. Préchauffez le four à 95 °C (th. 2-3) et mettez-y à chauffer un grand plat creux et des assiettes. Remplissez un faitout d'eau aux trois quarts, portez à ébullition et ajoutez 2 cuillerées à soupe de sel. Pendant que l'eau chauffe, mettez la sauce tomate dans une casserole et réchauffez-la sur feu moyen. Préparez une passoire dans l'évier.

11 Cuire les ravioli

Pour plus d'informations concernant la cuisson des pâtes fraîches farcies, reportez-vous p. 37. Plongez la moitié des ravioli dans l'eau bouillante, par deux ou trois pour éviter qu'ils ne collent entre eux. Réduisez le feu : l'eau doit simplement frémir. Si elle bout trop fort, les ravioli risquent d'éclater. Remuez doucement les ravioli avec une écumoire et faites-les cuire environ 2 minutes, jusqu'à ce qu'ils remontent à la surface. Pour vérifier leur cuisson, prenez-en un et coupez un angle avec un couteau d'office. La pâte doit être *al dente*, c'est-à-dire tendre, mais encore élastique.

12 Égoutter les ravioli et les mélanger à la sauce

Il est préférable de napper les ravioli de la sauce tomate traditionnelle. Versez environ un tiers de la sauce chaude dans le grand plat creux chaud. Avec l'écumoire, transférez les ravioli dans la passoire et égouttez-les. Versez-les ensuite dans le plat. Nappez-les d'un autre tiers de la sauce et saupoudrez-les de la moitié de parmesan réservé. Couvrez le plat de film alimentaire pour le tenir au chaud pendant que vous faites cuire le reste des ravioli. Augmentez le feu pour porter à nouveau l'eau à ébullition. Ajoutez le reste des ravioli, réduisez le feu pour que l'eau frémisse et faites-les cuire comme pour la première fournée. Égouttez et versez les ravioli dans le plat. Nappez du reste de la sauce et saupoudrez du reste de parmesan.

13 Servir les ravioli à la sauce tomate

Avec une grande cuillère, répartissez les ravioli dans les assiettes chaudes. Saupoudrez d'un peu plus de parmesan, selon vos envies, et servez sans attendre.

LE TRUC DU CHEF

Si vos ravioli vous semblent fragiles avant de les cuire, mettez-les au maximum 20 minutes au congélateur sur la plaque du four. Légèrement congelés, ils seront plus fermes et donc plus faciles à saisir et à plonger dans l'eau.

La touche finale

Les ravioli sont traditionnellement carrés, mais il en existe en forme de disques et de demi-lunes. Si vous ne possédez pas de roulette cannelée, un couteau et une fourchette feront l'affaire et donneront à vos ravioli un aspect plus rustique. Vous pouvez proposer un assortiment de ravioli de formes différentes.

Ravioli ronds (en haut, à gauche)
Découpez des disques à l'emporte-pièce. Déposez 1 cuillerée à café de farce au centre de chaque disque. Avec un pinceau à pâtisserie, humectez d'eau le pourtour des tas de farce et recouvrez d'un autre disque de pâte. Pincez les bords ensemble.

Ravioli demi-lune (à gauche)
Découpez des disques à l'emporte-pièce. Déposez 1 cuillerée à café de farce au centre des disques. Avec un pinceau, humectez d'eau le pourtour de la farce et pliez les disques en deux. Pincez les bords ensemble.

Ravioli rustiques (ci-dessus)
Pour canneler les bords sans roulette, utilisez un couteau pour séparer les ravioli, puis soudez les bords ensemble en appuyant avec les dents d'une fourchette.

Variations autour d'un thème : les ravioli et les tortellini

Les techniques les plus difficiles à maîtriser pour confectionner des ravioli et des tortellini sont la découpe, le modelage et le scellement. Une fois que vous les aurez acquises, vous posséderez le savoir-faire nécessaire pour créer de nouveaux plats, en remplaçant simplement la farce au bœuf des ravioli (p. 67) ou des tortellini (p. 75) par l'une des variantes qui suivent. Vous pouvez également employer d'autres sauces. Chaque variante est prévue pour 6 à 8 personnes.

Ravioli ou tortellini au fromage

Le mélange simple et classique de trois fromages donne une farce onctueuse pour fourrer les ravioli et les tortellini.

Suivez la recette des **ravioli (p. 67)** ou des **tortellini (p. 75)** en remplaçant la farce par la farce au fromage.

Mélangez dans un saladier **375 g de ricotta, 125 g de parmesan fraîchement râpé, 125 g de mascarpone, 1 gros jaune d'œuf, 3 pincées de muscade fraîchement râpée** et **3 tours de moulin à poivre,** jusqu'à l'obtention d'un mélange homogène. Couvrez et laisser reposer au moins 2 heures au réfrigérateur.

Nappez les pâtes cuites de sauce tomate traditionnelle (p. 92) ou de sauce tomate à la crème (p. 94).

LE TRUC DU CHEF

Laissez reposer les farces de 2 heures à une nuit entière au réfrigérateur, pour qu'elles durcissent et soient plus faciles à manipuler.

Ravioli ou tortellini aux champignons

Cette délicieuse farce aux champignons est idéale pour un plat végétarien. Servez ces pâtes avec une sauce Alfredo (p. 55).

Suivez la recette des **ravioli (p. 67)** ou des **tortellini (p. 75)** en remplaçant la farce par la suivante.

Faites fondre sur feu moyen **60 g de beurre** dans une grande poêle. Ajoutez **500 g de champignons de Paris coupés en quatre, 1 cuill. à café de thym frais haché, 1/2 cuill. à café de sel** et **3 tours de moulin à poivre.** Faites revenir le tout jusqu'à l'évaporation de l'eau de végétation et jusqu'à ce que les champignons soient tendres et dorés, soit environ 10 minutes. Laissez refroidir légèrement.

Transférez la préparation dans un robot et hachez-la finement. Ajoutez **125 g de ricotta, 60 g de parmesan fraîchement râpé** et **1 jaune d'œuf.** Mixez, puis transférez le mélange dans un saladier. Couvrez et laissez reposer au réfrigérateur au moins 2 heures.

Nappez les pâtes cuites de sauce Alfredo (p. 55).

Ravioli ou tortellini à la courge

Les ravioli ou les tortellini farcis à la courge butternut et enrobés de beurre de sauge constituent un plat idéal à déguster à l'automne. Vous pouvez remplacer la courge butternut par du potimarron ou du patidoux.

Suivez la recette des **ravioli (p. 67)** ou des **tortellini (p. 75)** en remplaçant la farce par la suivante.

Préchauffez le four à 200 °C (th. 7) et huilez une plaque de four. Coupez en deux dans la longueur **1 courge butternut, un potimarron ou un patidoux de 1 kg** et enlevez les graines. Déposez les moitiés sur la plaque du four, face coupée à plat. Faites-les cuire environ 1 heure, jusqu'à ce qu'elles soient tendres. Laissez refroidir un peu.
Retirez la peau et transférez la chair dans un robot. Réduisez-la en purée.

Ajoutez **125 g de parmesan fraîchement râpé, 1 gros œuf, 1/2 cuill. à café de sel, 1/4 cuill. à café de muscade fraîchement râpée** et **3 tours de moulin à poivre.** Mixez, puis versez le mélange dans un saladier. Couvrez et laissez reposer au réfrigérateur au moins 2 heures.

Nappez les pâtes cuites de beurre de sauge (p. 61).

Ravioli ou tortellini au poulet

Du poulet haché rehaussé d'un zeste de citron et d'une pointe de fromage donne une farce légère, aussi bien pour des ravioli que des tortellini.

Suivez la recette des **ravioli (p. 67)** ou des **tortellini (p. 75)** en remplaçant la farce par la suivante.

Faites chauffer **2 cuill. à soupe d'huile d'olive** dans une grande poêle sur feu moyen. Ajoutez **1/2 cuill. à café d'ail finement haché** et faites-le revenir dans l'huile environ 1 minute jusqu'à ce qu'il soit doré et dégage une odeur. Ajoutez alors **500 g de chair de poulet crue hachée** et faites cuire environ 10 minutes, jusqu'à ce que la viande soit entièrement blanche.

Avec une écumoire, transférez le poulet dans le robot. Laissez-le refroidir un peu, puis hachez-le finement. Ajoutez **60 g de parmesan fraîchement râpé, 1 gros œuf, 2 cuill. à soupe de persil plat frais haché, 1 cuill. à café de zeste de citron râpé, 1/2 cuill. à café de sel, 3 pincées de muscade fraîchement râpée** et **3 tours de moulin à poivre**. Mixez brièvement, car si vous mixez trop, le mélange sera pâteux. Couvrez et laissez reposer au réfrigérateur au moins 2 heures.

Nappez les pâtes cuites de sauce tomate traditionnelle (p. 92) ou de sauce tomate à la crème (p. 94).

Ravioli ou tortellini aux fruits de mer

Le mariage des crevettes et des pétoncles donne une farce légère pour des ravioli ou des tortellini à servir nappées d'une sauce tomate à la crème.

Suivez la recette des **ravioli (p. 67)** ou des **tortellini (p. 75)** en remplaçant la farce par la suivante.

Pour la farce aux fruits de mer, faites fondre **30 g de beurre** dans une grande poêle sur feu moyen. Ajoutez **2 cuill. à soupe d'échalote hachée** et faites-la revenir 2 à 3 minutes jusqu'à ce qu'elle soit tendre et dorée. Ajoutez **250 g de crevettes décortiquées, 250 g de pétoncles sans coquilles, 1/2 cuill. à café de sel** et **3 tours de moulin à poivre**. Faites cuire environ 2 minutes, jusqu'à ce que l'intérieur des fruits de mer soit opaque (vérifiez en coupant un pétoncle dans sa partie la plus épaisse). Laissez refroidir un peu.

Transférez la préparation dans un robot et mixez jusqu'à ce que les crevettes et les pétoncles soient grossièrement hachés. Ajoutez **1 cuill. à soupe de chapelure** et mixez à nouveau. Si la préparation paraît humide et molle, incorporez **1 cuill. à soupe de chapelure** supplémentaire. Ajoutez **1 cuill. à soupe de persil plat frais haché** et **1 blanc d'œuf**, puis mixez encore. Versez la préparation dans un saladier. Couvrez et laissez reposer au réfrigérateur au moins 2 heures.

Nappez les pâtes cuites de sauce tomate à la crème (p. 94).

Ravioli ou tortellini à la chair à saucisse

La chair à saucisse donne une farce plus relevée que celle au bœuf et peut donc s'accorder avec une sauce *marinara*, à la saveur affirmée.

Suivez la recette des **ravioli (p. 67)** ou des **tortellini (p. 75)** en remplaçant la farce par la suivante.

Faites chauffer **2 cuill. à soupe d'huile d'olive** dans une grande poêle sur feu moyen. Ajoutez **1 gousse d'ail hachée** et faites-la revenir environ 1 minute, jusqu'à ce qu'elle soit dorée et dégage une odeur. Ajoutez **500 g de chair à saucisse** et faites cuire environ 15 minutes, en remuant pour casser les « grumeaux », jusqu'à ce que la chair ne présente plus aucune trace rosée.

Avec une écumoire, transférez la préparation dans un robot. Laissez refroidir un peu, puis mixez jusqu'à ce que la chair soit finement hachée. Ajoutez **2 gros œufs, 2 cuill. à soupe de concentré de tomates, 60 g de parmesan fraîchement râpé, 3 tours de moulin à poivre** et **1 pincée de muscade fraîchement râpée**. Mixez le tout. Versez la préparation dans un saladier. Couvrez et laisser reposer au moins 2 heures au réfrigérateur.

Nappez les pâtes cuites de sauce *marinara* (p. 94).

2>

3>

RECETTE DE BASE

Tortellini

Ces pâtes farcies compactes, appelées *cappelletti* dans certaines régions d'Italie, renferment une bouchée de farce au bœuf aromatisée au vin rouge et au fromage. Malgré leur forme un peu complexe, les tortellinis sont plus faciles à confectionner qu'il n'y paraît. Ils sont accompagnés ici d'une sauce tomate à la crème (p. 94).

1 Préparer les ingrédients de la farce

Pour plus d'informations concernant la préparation de la carotte, du céleri et de l'oignon, reportez-vous pp. 42, 43 et 44. Pelez la carotte avec un couteau économe, puis coupez-la en dés de 5 mm avec un couteau de chef. Éliminez les extrémités de la côte de céleri et coupez-la en dés de même taille que la carotte. Coupez l'oignon en deux dans la longueur et pelez chaque moitié. Placez celles-ci sur une planche à découper, face coupée à plat. Coupez-les dans la longueur en lamelles de 5 mm de large, sans aller jusqu'à la racine, puis parallèlement au plan de travail, et enfin dans la largeur pour obtenir des dés de 5 mm. Râpez finement le parmesan sur la grille d'une mandoline ou d'une râpe à fromage. Prélevez-en 60 g pour la farce et réservez le reste.

2 Cuire les légumes et le bœuf

Posez une grande poêle sur feu moyen et faites fondre le beurre. Lorsqu'il commence à mousser, ajoutez la carotte, le céleri et l'oignon. Faites cuire environ 15 minutes en remuant de temps en temps avec une cuillère en bois, jusqu'à ce que les légumes soient dorés et tendres. Ajoutez le bœuf haché, le sel et le poivre, et cassez les « grumeaux » de viande à l'aide de la cuillère. Remuez bien et faites cuire environ 10 minutes, jusqu'à ce que la viande ne soit plus rouge et que l'eau se soit évaporée. Versez le vin, portez à petite ébullition et laissez mijoter environ 2 minutes, jusqu'à l'évaporation du vin. Retirez la poêle du feu et laissez refroidir un peu.

3 Mixer la farce

Transférez la farce dans le bol d'un robot, équipé de sa lame métallique et hachez-la finement. Ajoutez les œufs, 60 g de parmesan râpé et mixez brièvement. Incorporez ensuite la chapelure et mixez à nouveau. Versez la farce dans un saladier. Couvrez et laissez reposer au réfrigérateur pendant au moins 2 heures, pour que les arômes se mêlent et que la pâte s'affermisse. Elle sera ainsi plus facile à manipuler.

4 Vérifier l'assaisonnement de la farce

Pour vérifier l'assaisonnement, faites chauffer l'huile d'olive dans une poêle sur feu moyen et placez-y une petite cuillerée de farce. Faites-la dorer des deux côtés, soit environ 3 minutes. À l'aide d'une pince, sortez-la de la poêle et déposez-la dans une assiette. Lorsqu'elle a légèrement refroidi, goûtez-la. Rectifiez en conséquence l'assaisonnement de la farce crue. ›

POUR ENVIRON 120 TORTELLINI,
SOIT 6 À 8 PERSONNES

Pour la farce au bœuf

1 carotte

1 grande côte de céleri

1 petit oignon jaune

150 g de parmesan,
et un peu plus pour le service, si besoin

30 g de beurre

375 g d'aloyau de bœuf haché

3 pincées de sel

3 tours de moulin à poivre

10 cl de vin rouge

2 gros œufs

30 g de chapelure fine

1 cuill. à soupe d'huile d'olive

1 portion de pâte fraîche aux œufs (p. 22)

Sel pour la cuisson des pâtes

1 portion de sauce tomate à la crème (p. 94)

POUR GAGNER DU TEMPS

Lisez attentivement la liste des ingrédients d'une recette avant de commencer la mise en place (p. 17). Ici, notez que la pâte et la sauce tomate à la crème doivent être prêtes avant de commencer la recette.

6
7>>

5 Abaisser la pâte avec le laminoir

Pour plus d'informations concernant cette opération, reportez-vous p. 32. Fixez le laminoir sur le plan de travail, puis la manivelle sur la machine. Coupez le pâton en quatre portions égales et réservez-en trois sous un saladier retourné. Aplatissez la dernière en un disque de 1 cm d'épaisseur. Tournez la molette du laminoir de façon à écarter les cylindres au maximum, puis farinez-les. Passez le disque de pâte obtenu entre les cylindres. Pliez la pâte en trois, farinez une face et repassez-la dans le laminoir.

6 Abaisser le reste de la pâte et la découper en carrés

Recommencez de 8 à 10 fois cette opération en rapprochant les cylindres d'un cran à chaque passage et en farinant la pâte si elle devient collante. À ce stade, il n'est plus nécessaire de la plier. Vous devez obtenir une abaisse lisse, satinée et un peu transparente de 2 mm d'épaisseur, correspondant à l'avant-dernier cran de la mollette. Coupez-la en carrés de 5 cm de côté. Déposez-les à plat sur une plaque de four légèrement farinée ou un torchon non pelucheux et fariné. Répétez les étapes 5 et 6 pour le reste de la pâte. Elle ne doit pas sécher avant utilisation.

7 Farcir les tortellini

Placez 1/2 cuillerée à café de farce au centre de chaque carré. Plongez un pinceau à pâtisserie dans de l'eau fraîche et badigeonnez légèrement le pourtour des petits tas de farce : l'eau permettra aux deux couches de pâte de coller entre elles et de maintenir la farce à l'intérieur des tortellini. Rabattez un angle du carré de pâte sur l'angle opposé pour former un triangle.

8 Sceller et modeler les tortellini

Avec les doigts, moulez la pâte autour de la farce pour éliminer les poches d'air, qui pourraient faire éclater les tortellini pendant la cuisson, et pressez bien. Pincez ensemble les bords de la pâte pour les souder. Ramenez deux pointes du triangle face à face en arrondissant la pâte. Pincez les pointes ensemble. Courbez légèrement vers l'arrière la pointe restante. Disposez les tortellini sur une seule couche, en les espaçant, sur deux ou trois plaques de four légèrement farinées. >

LE TRUC DU CHEF

La première fois que vous préparez des tortellini, vous pouvez vous entraîner en découpant des carrés de papier et en les pliant en forme de petit bonnet. Soudez-les avec de la colle.

9 Préparer les ingrédients et le matériel pour la cuisson

Les pâtes farcies cuisent très rapidement et doivent être servies sans attendre. Tout doit être prêt avant la cuisson. Préchauffez le four à 95 °C (th. 2-3) et mettez-y à chauffer un grand plat creux et des assiettes. Remplissez un faitout d'eau aux trois quarts, portez à ébullition et ajoutez 2 cuillerées à soupe de sel. Pendant que l'eau chauffe, mettez la sauce tomate à la crème dans une casserole et réchauffez-la sur feu moyen. Préparez une passoire dans l'évier.

LE TRUC DU CHEF

L'eau arrive plus rapidement à ébullition si vous couvrez le faitout. Même pour gagner du temps, évitez d'utiliser l'eau chaude du robinet, car elle a souvent un mauvais goût.

10 Cuire les tortellini

Pour plus d'informations concernant la cuisson des pâtes fraîches farcies, reportez-vous p. 37. Plongez la moitié des tortellini dans l'eau bouillante par sept ou huit. Réduisez le feu : l'eau doit simplement frémir. Remuez doucement les tortellini avec une écumoire et faites-les cuire environ 2 minutes, jusqu'à ce qu'ils remontent à la surface. Pour vérifier leur cuisson, prenez-en un avec l'écumoire et coupez un angle avec un couteau d'office. La pâte doit être *al dente*, c'est-à-dire tendre, mais encore élastique.

11 Égoutter les tortellini et les mélanger à la sauce

Plutôt que de les mélanger, nappez les tortellini de la sauce tomate à la crème chaude dans le grand plat creux chauffé. Avec l'écumoire, transférez les tortellini dans la passoire et égouttez-les. Versez-les ensuite dans le plat. Nappez-les d'un autre tiers de la sauce et saupoudrez-les de la moitié du parmesan réservé. Couvrez le plat de film alimentaire pour le tenir au chaud pendant que vous faites cuire le reste des ravioli. Augmentez le feu pour porter à nouveau l'eau à ébullition. Ajoutez le reste des tortellini, réduisez le feu pour que l'eau frémisse et faites-les cuire comme pour la première fournée. Égouttez, versez les tortellini dans le plat, nappez du reste de la sauce et saupoudrez du reste du parmesan.

12 Servir les tortellini à la sauce tomate à la crème

Avec une grande cuillère, répartissez les tortellini dans les assiettes chaudes. Saupoudrez d'un peu plus de parmesan, selon vos envies, et servez sans attendre.

La touche finale

Les tortellini en sauce ne sont pas la seule façon d'apprécier ces délicates petites pâtes. On les sert également in brodo *(dans du bouillon). Faites d'abord cuire les tortellini, puis plongez-les dans un bouillon, qu'il soit clair, ou additionné d'œufs et de fromage. Si vous les servez avec une sauce, quelques lanières de basilic frais ou d'une autre herbe apporteront à ce plat élégance, couleur et saveur.*

Tortellini *in brodo* (en haut, à gauche)
En Italie, cette soupe simple se sert souvent en entrée. Ajoutez une demi-portion de tortellini cuits à 2 litres de bouillon de volaille bien chaud.

Soupe aux tortellini (à gauche)
Cette soupe est inspirée de la *stracciatella* italienne. Battez 3 œufs avec 50 g de parmesan fraîchement râpé. Versez doucement ce mélange dans 2 litres de bouillon de volaille frémissant, tout en fouettant. Ajoutez une demi-portion de tortellini cuits. Saupoudrez de persil haché.

Touche de couleur (ci-dessus)
Parsemez les tortellini cuits d'une chiffonnade de basilic (p. 39) ou d'autres herbes hachées.

Lasagnes aux épinards

Ces lasagnes sont garnies d'une sauce blanche, épaisse, crémeuse et longuement mijotée, ainsi que de parmesan. Les ingrédients sont disposés en couches, mais leurs saveurs se mêlent pendant la cuisson au four. La pâte fraîche aux épinards apporte à ce plat une véritable délicatesse.

1 Cuire et égoutter les épinards

Pour plus d'informations concernant la préparation de la pâte fraîche aux épinards, reportez-vous p. 24. Posez un faitout sur feu moyen, ajoutez les épinards et laissez-les fondre 4 à 5 minutes. Égouttez-les dans une passoire en les pressant, puis laissez-les refroidir. Mettez-les dans un torchon et tordez-les pour éliminer toute l'eau.

2 Malaxer la pâte

Transférez les épinards dans le bol d'un robot, équipé de sa lame métallique. Cassez les œufs dans un verre et éliminez les éventuels fragments de coquille. Ajoutez les œufs aux épinards et mixez, jusqu'à ce que le mélange soit homogène. Versez 325 g de farine et réservez le reste. Mixez environ 10 secondes, jusqu'à l'obtention d'une pâte humide et grumeleuse. Si la pâte paraît collante, continuez à mixer pendant 30 secondes en ajoutant un peu de la farine réservée, cuillerée par cuillerée. La pâte doit former une boule au-dessus de la lame du robot.

3 Pétrir légèrement la pâte à la main

Farinez vos mains et un plan de travail légèrement rugueux. Posez le pâton au centre. Pétrissez la pâte jusqu'à ce qu'elle soit humide, sans être collante et d'une couleur verte uniforme. Cette opération de pétrissage prend 1 ou 2 minutes. Formez une boule avec le pâton. Couvrez-le d'un grand saladier retourné et laissez-le reposer 30 minutes pour que le gluten de la farine se détende.

4 Abaisser la pâte avec le laminoir

Pour plus d'informations concernant cette opération, reportez-vous p. 32. Fixez le laminoir sur le plan de travail, puis la manivelle sur la machine. Coupez le pâton en quatre portions égales et remettez-en trois sous le saladier retourné. Aplatissez la dernière en un disque d'environ 1 cm d'épaisseur. Tournez la molette du laminoir de façon à écarter les cylindres au maximum, puis farinez-les. Passez le disque de pâte entre les cylindres. Pliez la pâte en trois, farinez une face et repassez-la dans le laminoir.

5 Abaisser le reste de la pâte et la découper en carrés

Recommencez 8 à 10 fois cette opération en rapprochant les cylindres d'un cran à chaque passage et en farinant la pâte si elle devient collante. À ce stade, il n'est plus nécessaire de la plier. L'abaisse doit faire 2 mm d'épaisseur, et être lisse et transparente. Découpez-la pâte en carrés d'environ 30 cm de côté. Posez-les à plat sur une plaque de four légèrement farinée ou un torchon non pelucheux et fariné. Répétez les étapes 4 et 5 pour les autres portions de pâte. Laissez sécher 10 à 20 minutes.

POUR 8 À 10 PERSONNES

Pour la pâte aux épinards

300 g d'épinards équeutés et bien lavés

3 gros œufs

400 g de farine de blé + 3 à 4 cuill. à soupe, pour le plan de travail

Pour la sauce blanche

75 cl de lait entier

100 g de beurre

60 g de farine

1/2 cuill. à café de sel

Sel pour la cuisson des pâtes

180 g de parmesan fraîchement râpé

1 portion de sauce bolognaise (p. 49)

LE TRUC DU CHEF

Vous pouvez préparer ce plat de lasagnes 24 heures avant de le cuire au four. Couvrez-le de film alimentaire et conservez-le au réfrigérateur. Le temps de cuisson devra alors être augmenté de 30 minutes. Après une heure, vérifiez toutes les 15 minutes l'état de la cuisson.

6 Préparer la sauce blanche

Pour plus d'informations concernant cette opération, reportez-vous p. 28. Faites chauffer le lait sur feu moyen dans une petite casserole. Posez une casserole à fond épais sur feu moyen et ajoutez le beurre. Lorsqu'il a fondu, ajoutez la farine et faites-la cuire 2 à 3 minutes en remuant sans cesse, jusqu'à l'obtention d'un roux. Ne le laissez pas brunir. Retirez la casserole du feu et versez le lait chaud en filet, sans cesser de remuer. Ajoutez le sel, remettez la casserole sur feu moyen et remuez sans cesse, 1 minute de plus, jusqu'à ce que la sauce soit onctueuse et suffisamment épaisse pour enrober le dos d'une cuillère. Retirez du feu.

7 Cuire et égoutter les pâtes

Remplissez un plat profond d'eau glacée et placez-le près de la cuisinière. Remplissez un faitout d'eau aux trois quarts, portez à ébullition et ajoutez 2 cuillerées à soupe de sel. Plongez 2 ou 3 plaques de pâte dans l'eau et remuez doucement pour les empêcher de coller. Faites-les cuire environ 1 minute, en remuant de temps en temps, jusqu'à ce qu'elles soient *al dente,* c'est-à-dire tendres, mais encore élastiques. Avec une écumoire, sortez les plaques de l'eau et plongez-les dans l'eau glacée pour arrêter la cuisson : cela évitera qu'elles ne se détrempent dans le four. Répartissez-les ensuite sur un torchon non pelucheux. Faites cuire le reste des plaques de la même façon.

8 Préparer les lasagnes

Placez une grille à mi-hauteur du four et préchauffez-le à 190 °C (th. 6-7). Beurrez un plat à gratin si possible de 23 x 33 x 5 cm. Réservez les 2 plus belles plaques de pâte, 10 cl de sauce blanche et 30 g de parmesan pour le dessus du plat. Disposez 2 plaques dans le plat en les faisant légèrement se chevaucher, si nécessaire. Nappez-les d'une fine couche de sauce blanche (10 cl), puis de sauce bolognaise (10 cl) et saupoudrez d'environ 30 g de parmesan. Répétez l'opération trois ou quatre fois. Terminez en disposant les 2 plaques réservées. Il doit vous rester un peu de sauce bolognaise. Pendant que vous superposez les couches, il est parfois normal que les plaques se déchirent légèrement, ou que vous deviez les couper pour qu'elles correspondent exactement aux dimensions de votre plat. Nappez la plaque supérieure de la sauce blanche réservée et saupoudrez du parmesan restant.

9 Cuire et servir les lasagnes

Faites cuire les lasagnes 40 minutes au four, puis vérifiez la cuisson. Si la couche supérieure brunit trop rapidement, couvrez le plat de papier d'aluminium. Poursuivez ensuite la cuisson 5 à 15 minutes : la sauce doit former des petites bulles le long des parois du plat et la pointe de votre couteau piquée au cœur des lasagnes doit ressortir très chaude. Sortez le plat, posez-le sur une grille et laissez-le refroidir 15 minutes : les lasagnes vont « se figer » et seront plus faciles à couper. Découpez-les en carrés et servez aussitôt.

Variations autour d'un thème : les lasagnes

Une fois la confection des lasagnes à la viande (p. 81) maîtrisée, rien de plus facile que de préparer des variantes. Pour une version végétarienne, remplacez la sauce bolognaise par une sauce tomate traditionnelle. Pour un plat plus léger, doublez la quantité de sauce tomate et ne faites pas de sauce blanche. N'hésitez pas à employer des légumes comme l'aubergine et les champignons et d'autres fromages comme la fontina ou le chèvre, pour varier les plaisirs. Enfin, faites une pâte nature, et non aux épinards, si les ingrédients de la garniture ont une saveur prononcée, comme dans les lasagnes à la fontina, au jambon et aux champignons. Chaque variante est prévue pour 8 à 10 personnes.

Lasagnes végétariennes

Remplacez la sauce bolognaise par une sauce tomate traditionnelle et vous obtiendrez un plat végétarien.

Préparez de la **pâte fraîche aux épinards (p. 24)** et abaissez-la en carrés de 30 cm de côté. Préparez **1 portion de sauce blanche (p. 28)** et **1 portion de sauce tomate traditionnelle (p. 92)**. Faites cuire les plaques de pâte, refroidissez-les dans de l'eau et égouttez-les.

Préchauffez le four à 190 °C (th. 6-7). Dans un plat à gratin beurré (si possible de 23 x 33 x 5 cm) alternez les plaques de pâte, la sauce blanche, la sauce tomate traditionnelle et **180 g de parmesan fraîchement râpé**. Enfournez 45 à 55 minutes. Laissez refroidir 15 minutes, puis coupez les lasagnes en carrés et servez aussitôt.

POUR GAGNER DU TEMPS

Divisez d'abord les ingrédients nécessaires à la préparation des lasagnes et disposez-les sur le plan de travail dans l'ordre dans lequel vous les utiliserez.

Lasagnes à l'aubergine et au chèvre

L'aubergine et le chèvre crémeux s'accordent à merveille dans ce plat consistant.

Préparez de la **pâte fraîche aux épinards (p. 24)** et abaissez-la en carrés de 30 cm de côté. Préparez **2 portions de sauce *marinara* (p. 94)**. Coupez **2 aubergines de 500 g en rondelles de 5 mm d'épaisseur.** Mettez-les dans une passoire, saupoudrez-les de sel et laissez-les dégorger 30 minutes. Faites cuire les plaques de pâte, refroidissez-les dans l'eau et égouttez-les.

Préchauffez le four à 220 °C (th. 8). Rincez les rondelles d'aubergine et essuyez-les. Badigeonnez-les sur chaque face avec **5 cuill. à soupe d'huile d'olive** et placez-les en une seule couche sur des plaques de four. Enfournez-les 10 à 15 minutes, en les retournant une fois, jusqu'à ce qu'elles soient tendres et dorées.

Réduisez la température du four à 190 °C (th. 6-7). Dans un plat à gratin beurré (si possible de 23 x 33 x 5 cm) superposez les plaques de pâte, la sauce *marinara*, les rondelles d'aubergine, **500 g de ricotta**, **300 g de chèvre frais émietté** et **125 g de parmesan fraîchement râpé**. Enfournez 45 à 55 minutes. Laissez refroidir 15 minutes, puis coupez les lasagnes en carrés et servez aussitôt.

Lasagnes au cantal, au jambon et aux champignons

Une savoureuse alliance de cantal frais de jambon et de champignons enrobés, dans une sauce crémeuse et savoureuse. Utilisez des plaques de pâte nature.

Préparez de la **pâte fraîche aux œufs (p. 22)** et abaissez-la en carrés de 30 cm de côté. Préparez **1 portion de sauce blanche (p. 28)**. Dans une poêle, faites fondre **60 g de beurre** sur feu moyen. Ajoutez **500 g de champignons de Paris en lamelles, 1/2 cuill. à café de sel** et **3 tours de moulin à poivre**. Faites sauter les champignons environ 10 minutes, jusqu'à ce que leur eau se soit évaporée et qu'ils soient dorés. Faites cuire les plaques de pâte, refroidissez-les dans l'eau et égouttez-les.

Préchauffez le four à 190 °C (th. 6-7). Dans un plat à gratin beurré (si possible de 23 x 33 x 5 cm) superposez les plaques de pâte, **250 g de jambon de Paris haché, la sauce blanche, les champignons sautés, 250 g de cantal frais coupé en lamelles** et **125 g de parmesan fraîchement râpé**. Enfournez 45 à 55 minutes. Laissez refroidir 15 minutes, puis coupez les lasagnes en carrés et servez aussitôt.

4

Les pâtes sèches

Préparées avec de la semoule de blé dur, qui leur apporte couleur et texture, les pâtes sèches s'accommodent d'une multitude de façons. Vous allez apprendre à les cuire *al dente,* à ce point précis de cuisson où toutes leurs qualités sont réunies. Vous découvrirez également que leur saveur s'allie tant aux sauces tomates consistantes qu'au pesto, et qu'elles s'accordent à la perfection avec une sauce au fromage.

2>

3

4

RECETTE DE BASE

Spaghetti aux *polpetti*

Le secret de la réussite de ces savoureuses *polpetti* est de les faire dorer dans l'huile d'olive avant de les laisser mijoter dans la sauce tomate, afin de leur donner davantage de moelleux. Cette sauce épaisse se marie à la perfection avec les spaghetti, car elle y adhère.

1 Préparer les ingrédients pour les *polpetti*

Battez longuement les œufs à la fourchette dans un bol. Râpez finement le parmesan sur la grille d'une mandoline ou d'une râpe. Prélevez-en 60 g et réservez le reste pour le mélanger aux pâtes. Hachez finement l'ail et le persil. Pour plus de précisions, reportez-vous pp. 45 et 39. Posez la gousse d'ail sur un plan de travail, appuyez fortement dessus avec le plat de la lame d'un couteau de chef. Pelez-la et hachez-la. Nettoyez le plan de travail et le couteau. Effeuillez le persil et jetez les tiges. En posant le bout des doigts sur le dos de la lame du couteau de chef, imprimez un mouvement de balancier pour hacher finement les feuilles : il en faut 3 cuillerées à soupe.

2 Mélanger les ingrédients

Dans un saladier, mélangez le bœuf haché, la chapelure, les œufs, 60 g de parmesan, l'ail, le persil, le sel et le poivre. À l'aide d'une cuillère en bois ou avec les mains, malaxez les ingrédients. Ayez la main légère : si vous comprimez trop le mélange, les *polpetti* risquent de devenir dures.

3 Vérifier l'assaisonnement de la préparation

Pour vérifier l'assaisonnement, faites chauffer 1 cuillerée à soupe d'huile d'olive dans une poêle sur feu moyen. Ajoutez une petite cuillerée du mélange et faites dorer la préparation des deux côtés, soit 3 minutes environ. À l'aide d'une pince, sortez-la de la poêle et déposez-la dans une assiette. Lorsqu'elle a légèrement refroidi, goûtez-la. Rectifiez ainsi l'assaisonnement de la préparation crue.

4 Diviser la préparation en portions

La meilleure méthode pour obtenir des portions de taille égale est d'utiliser une cuillère à glace. À mesure que vous prélevez les portions, disposez-les sur une plaque de four, couverte de papier sulfurisé. ›

POUR 6 À 8 PERSONNES

Pour les *polpetti*

2 gros œufs

100 g de parmesan

1 grosse gousse d'ail

6 branches de persil plat

500 g de bœuf haché

60 g de chapelure sèche fine

1/2 cuill. à café de sel

6 tours de moulin à poivre

10 cl d'huile d'olive + 1 cuill. à soupe

Pour la sauce

3 cuill. à soupe d'huile d'olive

2 gousses d'ail, finement hachées

2 boîtes (475 g chacune) de tomates pelées au jus, hachées

1/2 cuill. à café de sel

3 tours de moulin à poivre

4 feuilles de basilic frais

Sel pour la cuisson des pâtes

500 g de spaghetti

LE TRUC DU CHEF

Pour préparer vous-même de la chapelure sèche, faites sécher des tranches de pain de mie pendant environ 1 heure dans le four préchauffé à 95 °C (th. 2-3). Laissez-les refroidir, cassez-les en petits morceaux, puis passez-les au mixeur jusqu'à ce qu'elles soient réduites en fines miettes.

5>

6

5 Former les *polpetti*

Trempez les mains dans de l'eau froide, pour que la préparation ne vous colle pas aux doigts. Roulez une portion de préparation entre vos paumes en forme de boulette. Replacez-la ensuite sur le papier sulfurisé. Roulez le reste des *polpetti* de la même façon. Si vous tassez ou comprimez trop le mélange, les *polpetti* risquent de devenir dures et sèches.

6 Faire revenir les *polpetti*

Posez une grande sauteuse sur feu moyen. Faites-y chauffer 10 cl d'huile d'olive et déposez quelques *polpetti*, en vous assurant qu'elles ne se touchent pas, car si elles sont trop serrées, elles ne pourront pas rissoler. Faites revenir les *polpetti* environ 15 minutes, en les retournant fréquemment, jusqu'à ce que le dessus soit doré. Disposez-les dans un plat. Répétez l'opération avec le reste des *polpetti*, en laissant la sauteuse se réchauffer entre chaque fournée. Lavez et essuyez la sauteuse.

7 Préparer la sauce

Posez la sauteuse sur feu moyen et ajoutez 3 cuillerées à soupe d'huile d'olive. Lorsque l'huile est chaude, ajoutez l'ail et faites-le revenir environ 2 minutes, en remuant souvent, jusqu'à ce qu'il soit légèrement doré et dégage une odeur. Ajoutez alors les tomates avec leur jus. Incorporez le sel et le poivre, puis faites chauffer jusqu'à l'apparition de petites bulles. Réduisez le feu et faites cuire environ 20 minutes sur feu doux, à découvert, jusqu'à ce que la sauce épaississe. Déchirez les feuilles de basilic en petits morceaux et incorporez-les.

8 Faire mijoter les *polpetti* dans la sauce

Versez les *polpetti* dans la sauce et enrobez-les avec une grande cuillère. Faites-les cuire sur feu doux, environ 15 minutes, en les retournant de temps en temps, jusqu'à ce qu'elle soient cuites. Pour vérifier la cuisson, coupez une *polpetti* : l'intérieur ne doit plus être rouge. Retirez alors la sauteuse du feu. Mettez toutes les *polpetti* dans la sauce et tenez le tout au chaud. >

LE TRUC DU CHEF

Une fois haché, le basilic s'oxyde et noircit à l'air. C'est pourquoi il est préférable de le déchirer avec les doigts. Cela donne par ailleurs un aspect plus « rustique » à la présentation.

9 Cuire les spaghetti

Pour plus d'informations concernant la cuisson des pâtes sèches, reportez-vous p. 38. Faites chauffer des assiettes creuses dans le four à 95 °C (th. 2-3). Remplissez un faitout d'eau aux trois quarts, portez à ébullition et ajoutez 2 cuillerées à soupe de sel. Ajoutez les pâtes, remuez doucement et enfoncez-les sous l'eau. Faites-les cuire 7 à 9 minutes, en remuant de temps en temps, jusqu'à ce qu'elles soient *al dente*, c'est-à-dire tendres, mais encore élastiques. Pour vérifier la cuisson, prenez une pâte, laissez-la refroidir un peu et goûtez-la : une fine ligne blanche doit apparaître au centre.

LE TRUC DU CHEF

Contrairement aux idées reçues, lancer un spaghetti contre le mur pour voir s'il y reste collé ne permet en aucun cas de vérifier sa cuisson, car une pâte qui colle est toujours trop cuite ! Goûtez-en plutôt une : avec de la pratique, vous finirez par reconnaître la bonne texture. Elle doit être complètement cuite, mais encore un peu élastique.

10 Réchauffer les *polpetti* et la sauce

Quelques minutes avant d'égoutter les pâtes, réchauffez la sauce et les *polpetti* sur feu doux. Goûtez la sauce et rectifiez l'assaisonnement si nécessaire. Incorporez chaque condiment par petites quantités jusqu'à l'obtention d'un bon équilibre.

11 Égoutter les spaghetti

Réservez deux louches d'eau de cuisson des pâtes pour rectifier ultérieurement la consistance du plat. Transférez les pâtes dans une passoire et secouez celle-ci une seule fois pour éliminer l'excédent d'eau : les pâtes doivent rester humides.

12 Mélanger les spaghetti et la sauce

Avec une pince, transférez les *polpetti* dans un plat. Mettez les pâtes égouttées dans la sauce. À l'aide de deux cuillères ou spatules en bois, mélangez : ramenez les pâtes du fond vers le dessus jusqu'à ce qu'elles soient toutes enrobées. Si le mélange vous paraît sec, ajoutez un peu de l'eau de cuisson réservée et remuez à nouveau. Ajoutez le parmesan réservé et mélangez.

13 Servir les spaghetti aux *polpetti*

Avec une pince à spaghetti, répartissez les pâtes et la sauce dans les assiettes chaudes. Récupérez le reste de sauce dans la sauteuse avec une louche et répartissez-la dans les assiettes. Disposez les *polpetti* sur les pâtes avec une pince. Servez sans attendre.

La touche finale

Un plat aussi simple que des spaghetti aux polpetti *peut facilement être rehaussé - tant en couleur qu'en saveur - d'herbes fraîches ou d'un autre fromage râpé. Vous pouvez également présenter les pâtes en sauce en entrée, puis les* polpetti *en plat principal.*

Herbes fraîches hachées (en haut, à gauche)
Une herbe hachée, comme le basilic ou le persil, ajoute couleur et saveur à toutes sortes de pâtes. Cependant, choisissez toujours une herbe déjà utilisée dans la préparation.

Fromage râpé (à gauche)
Complétez la saveur de ce plat en le saupoudrant à la dernière minute d'un autre fromage râpé : pecorino ou tomme de brebis.

Deux plats (ci-dessus)
Doublez les proportions des *polpetti*, tenez-les au chaud pendant que vous dégustez les pâtes en entrée, puis servez les *polpetti* en plat principal.

Penne à la sauce tomate traditionnelle

Des carottes, de l'oignon et du céleri cuits dans du beurre sont les bases du *soffrito*. Il apporte à cette sauce simple une saveur douce. Mais l'ingrédient principal demeurant la tomate, il faut employer des olivettes bien mûres en été. Hors saison, vous pouvez utiliser des tomates en boîte de qualité.

POUR 4 À 6 PERSONNES

Pour la sauce tomate traditionnelle

60 g de beurre

2 carottes, pelées en petits dés

1 petite côte de céleri, coupée en petits dés

1 petit oignon jaune, coupé en petits dés

1 kg de tomates olivettes, pelées, épépinées et concassées, ou 1 boîte (475 g) de tomates pelées, égouttées et concassées

1/2 cuill. à café de sel

3 tours de moulin à poivre

Sel pour la cuisson des pâtes

500 g de penne

10 feuilles de basilic frais, déchirées en petits morceaux

20 g de beurre

60 g de parmesan, fraîchement râpé

LE TRUC DU CHEF

Lorsque vous utilisez des tomates en boîte, vérifiez si elles sont pré-salées pour ajuster l'assaisonnement en conséquence.

1 Préparer le *soffrito* pour la sauce

Posez une poêle de 30 cm de diamètre sur feu moyen et faites fondre le beurre. Lorsqu'il commence à mousser, ajoutez les carottes, le céleri et l'oignon. Faites cuire environ 15 minutes, en remuant de temps en temps, jusqu'à ce que l'oignon soit transparent, et que les carottes et le céleri soient très tendres. Réduisez le feu, si besoin, pour que les légumes ne brunissent pas, car cela rendrait la sauce amère. Ajoutez éventuellement 1 cuillerée à soupe d'eau chaude pour ralentir la cuisson.

2 Faire mijoter la sauce

Ajoutez les tomates, le sel et le poivre. Faites cuire jusqu'à ce que la sauce frémisse. Réduisez le feu et laissez ainsi sur feu très doux, environ 20 minutes, en remuant de temps en temps, jusqu'à ce que la sauce épaississe et que le jus des tomates soit évaporé. Goûtez la sauce et rectifiez l'assaisonnement. Retirez la poêle du feu.

3 Cuire et égoutter les penne

Faites chauffer des assiettes creuses dans le four à 95 °C (th. 2-3). Remplissez un faitout d'eau aux trois quarts, portez à ébullition et ajoutez 2 cuillerées à soupe de sel. Ajoutez les pâtes en une fois et remuez doucement. Faites-les cuire 7 à 9 minutes, en remuant de temps en temps, jusqu'à ce qu'elles soient *al dente*, c'est-à-dire tendres, mais encore élastiques. Pour vérifier la cuisson, égouttez une pâte, laissez-la refroidir un peu et goûtez-la : une fine ligne blanche doit apparaître au centre de la pâte. Pendant que les pâtes cuisent, réchauffez la sauce sur feu doux. Réservez deux louches d'eau de cuisson des pâtes, pour rectifier ultérieurement la consistance du plat. Transférez les pâtes dans une passoire et secouez celle-ci une seule fois pour éliminer l'excédent d'eau : les pâtes doivent rester humides.

4 Mélanger les penne et la sauce

Mettez les pâtes égouttées dans la poêle contenant la sauce. À l'aide d'une cuillère ou d'une spatule en bois, mélangez bien jusqu'à ce que les pâtes soient toutes enrobées de sauce. Si le mélange vous paraît sec, ajoutez un peu de l'eau de cuisson réservée et remuez à nouveau. Ajoutez le basilic et 20 g de beurre, puis mélangez à nouveau. Le beurre donne à la sauce une consistance crémeuse. Retirez la poêle du feu, ajoutez le parmesan et remuez.

5 Servir les penne à la sauce tomate traditionnelle

Avec une grande cuillère, répartissez les pâtes dans les assiettes chaudes. Servez sans attendre.

Variations autour d'un thème : la sauce tomate

Voici six sauces tomate savoureuses à assortir à pratiquement tous les types de pâtes sèches, des penne aux farfalle, en passant par les linguine et les bucatini. Pour plus d'informations concernant l'accord entre les pâtes et les sauces, reportez-vous p. 18. Chaque recette est prévue pour 4 à 6 personnes.

Pâtes à la sauce tomate et à la crème

La crème fraîche apporte de l'onctuosité à la sauce tomate et atténue son acidité.

Reportez-vous à la recette de la sauce tomate traditionnelle pour préparer **le soffrito (p. 92)**. À l'étape 2, une fois que la sauce a épaissi, incorporez **10 cl de crème fraîche** et laissez mijoter 5 minutes. Retirez la poêle du feu et vérifiez l'assaisonnement.

Faites cuire **500 g de penne**,7 à 9 minutes. Réservez un peu de leur eau de cuisson, et égouttez-les. Mélangez-les avec la sauce jusqu'à ce qu'elles soient bien enrobées. Rectifiez la consistance avec l'eau de cuisson réservée. Servez sans attendre.

Pâtes à la sauce tomate fraîche

Cette sauce simple, aux tomates gorgées de soleil et au basilic, est parfaite à déguster par une chaude journée d'été.

Mélangez dans un grand saladier **1 kg de tomates olivettes pelées, épépinées et taillées en dés, 10 g de basilic frais haché, 1 gousse d'ail finement hachée, 4 cuill. à soupe d'huile d'olive vierge extra, 1/2 cuill. à café de sel et 8 tours de moulin à poivre**. Laissez le mélange reposer 30 minutes.

Faites cuire **500 g de penne**,7 à 9 minutes. Réservez un peu de leur eau de cuisson et égouttez-les. Transférez-les ensuite dans un plat creux, chaud. Ajoutez la sauce et mélangez jusqu'à ce que les pâtes soient bien enrobées. Rectifiez la consistance avec un peu de l'eau de cuisson réservée. Si vous le désirez, ajoutez **60 g de parmesan fraîchement râpé** et mélangez. Servez sans attendre.

Pâtes à la sauce *marinara*

L'huile d'olive et l'ail remplacent ici le *soffrito* de la sauce tomate traditionnelle. Cette sauce consistante peut être servie telle quelle ou enrichie d'olives noires ou de petits lardons.

Posez une poêle de 30 cm de diamètre sur feu moyen et faites-y chauffer **4 cuill. à soupe d'huile d'olive**. Ajoutez **2 gousses d'ail finement hachées** et faites-les dorer environ 2 minutes. Ajoutez **1 kg de tomates olivettes fraîches pelées, épépinées et détaillées en dés, 1/2 cuill. à café de sel** et **8 tours de moulin à poivre**. Lorsque la préparation frémit, réduisez le feu et faites mijoter environ 20 minutes sur feu doux, jusqu'à ce que la sauce épaississe. Retirez la poêle du feu et rectifiez l'assaisonnement, si nécessaire.

Faites cuire **500 g de penne**,7 à 9 minutes. Réservez un peu de leur eau de cuisson et égouttez-les. Mélangez les pâtes avec la sauce jusqu'à ce qu'elles soient bien enrobées. Rectifiez la consistance avec un peu de l'eau de cuisson réservée. Ajoutez **6 feuilles de basilic frais déchirées en petits morceaux** et mélangez bien. Si vous le désirez, ajoutez **60 g de parmesan fraîchement râpé** et mélangez. Servez sans attendre.

Pâtes à la sauce *arrabbiata*

Le mot italien *arrabbiata* signifie « enragé » : le terme fait référence au piment qui relève la sauce.

Posez une poêle de 30 cm de diamètre sur feu moyen et faites chauffer 4 cuill. à soupe d'huile d'olive. Ajoutez 2 gousses d'ail finement hachées et 1/2 cuill. à café de piment en poudre. Faites revenir environ 2 minutes, jusqu'à ce que l'ail soit légèrement doré. Ajoutez 1 kg de tomates olivettes fraîches pelées, épépinées et détaillées en dés et 1/2 cuill. à café de sel. Lorsque la préparation frémit, réduisez le feu et faites mijoter environ 20 minutes, sur feu doux, jusqu'à épaississement. Retirez la poêle du feu et rectifiez l'assaisonnement.

Faites cuire 500 g de penne,7 à 9 minutes. Réservez un peu d'eau de cuisson et égouttez-les. Mélangez les pâtes avec la sauce jusqu'à ce qu'elles soient bien enrobées. Si nécessaire, rectifiez la consistance avec un peu de l'eau de cuisson réservée. Servez sans attendre.

LE TRUC DU CHEF

Hors saison, remplacez les tomates fraîches par 1 boîte de tomates (425 g) égouttées et concassées, dans les sauces marinara, arrabbiata, puttanesca *et* amatriciana.

Pâtes à la sauce *amatriciana*

La sauce *amatriciana* contient de la pancetta, des oignons et du piment en poudre. Elle est consistante et épicée.

Posez une poêle de 30 cm de diamètre sur feu moyen et faites chauffer 2 cuill. à soupe d'huile d'olive. Ajoutez 1 petit oignon jaune coupé en dés, 60 g de lard fumé coupé en dés et 2 pincées de piment en poudre. Faites revenir environ 15 minutes, jusqu'à ce que l'oignon soit doré et tendre, et le lard légèrement doré. Ajoutez 1 kg de tomates olivettes fraîches pelées, épépinées et taillées et 1/2 cuill. à café de sel. Lorsque la préparation frémit, réduisez le feu et faites mijoter environ 20 minutes, sur feu doux, jusqu'à épaississement. Retirez la poêle du feu et rectifiez l'assaisonnement, si nécessaire.

Faites cuire 500 g de penne,7 à 9 minutes. Réservez un peu de leur eau de cuisson et égouttez-les. Mélangez les pâtes avec la sauce jusqu'à ce qu'elles soient bien enrobées. Rectifiez la consistance avec un peu de l'eau de cuisson réservée. Si vous le désirez, ajoutez 60 g de pecorino ou de parmesan fraîchement râpé et mélangez. Servez sans attendre.

Pâtes à la sauce *puttanesca*

Retrouvez l'alliance harmonieuse des olives, des anchois et des câpres dans une sauce à la tomate…

Posez une poêle de 30 cm de diamètre sur feu moyen et faites chauffer 4 cuill. à soupe d'huile d'olive. Ajoutez 2 gousses d'ail finement hachées et 1/2 cuill. à café de piment en poudre. Faites revenir environ 2 minutes, jusqu'à ce que l'ail soit légèrement doré. Ajoutez 1 kg de tomates olivettes fraîches pelées, épépinées et détaillées en dés, 1/2 cuill. à café de sel et 8 tours de moulin à poivre. Lorsque la préparation frémit, réduisez le feu et faites mijoter environ 20 minutes sur feu doux jusqu'à épaississement. Ajoutez 6 à 8 filets d'anchois à l'huile d'olive hachés, 50 g d'olives noires dénoyautées et hachées, 2 cuill. à soupe de câpres égouttées et hachées et 2 cuill. à soupe de persil plat haché. Laissez mijoter 1 minute de plus. Retirez la poêle du feu et vérifiez l'assaisonnement.

Faites cuire 500 g de penne,7 à 9 minutes. Réservez un peu de leur eau de cuisson et égouttez-les. Mélangez les pâtes avec la sauce jusqu'à ce qu'elles soient bien enrobées. Rectifiez la consistance avec un peu de l'eau de cuisson réservée. Servez sans attendre.

Linguine *aglio olio*

Ce plat de pâtes d'une grande simplicité doit son nom à ses principaux ingrédients : l'ail, *aglio* et l'huile, *olio*. À défaut, les saveurs naturellement fortes de l'ail et du piment vont dominer au lieu de se fondre avec l'huile, base de cette sauce.

POUR 4 À 6 PERSONNES

6 grosses gousses d'ail

12 branches de persil plat

5 cuill. à soupe d'huile d'olive vierge extra

1/4 cuill. à café de piment en poudre

Sel pour la cuisson des pâtes

500 g de linguine

1 Hacher finement l'ail

Pour plus d'informations concernant cette opération, reportez-vous p. 45. Posez 1 gousse d'ail sur le plan de travail et appuyez fermement dessus avec le côté plat de la lame d'un couteau de chef : la peau va éclater. N'écrasez pas trop la gousse, car elle doit rester à peu près intacte. Pelez-la, puis coupez-la en deux dans la longueur. Si elle contient un germe vert, amer, enlevez-le avec la pointe d'un couteau d'office. Reprenez le couteau de chef et hachez finement les demi-gousses dans la longueur. Répétez l'opération pour le reste des gousses et réservez-les.

2 Couper le persil en chiffonnade

Pour plus d'informations concernant cette opération, reportez-vous p. 39. Effeuillez le persil et jetez les tiges. Mettez les feuilles sur une planche à découper. Posez le bout de vos doigts sur le dos de la lame d'un couteau et imprimez un mouvement de balancier pour hacher très finement le persil. Il en faut 3 cuillerées à soupe.

3 Préparer la sauce

Posez une poêle de 30 cm de diamètre sur feu moyen et faites chauffer l'huile d'olive. Ajoutez ensuite l'ail et la poudre de piment, et faites cuire 4 à 5 minutes, en remuant souvent, jusqu'à ce que l'ail soit doré et dégage une odeur. Réduisez le feu, si nécessaire, pour que les ingrédients ne brûlent pas : ils donneraient un goût amer à la sauce. Incorporez le persil et retirez la poêle du feu.

4 Cuire les linguine

Faites chauffer des assiettes creuses dans le four à 95 °C (th. 2-3). Pour plus d'informations concernant la cuisson des pâtes sèches, reportez-vous p. 38. Remplissez un faitout d'eau aux trois quarts, portez à ébullition et ajoutez 2 cuillerées à soupe de sel. Ajoutez les pâtes en une fois et remuez doucement pour les empêcher de coller les unes aux autres. Faites-les cuire 7 à 9 minutes, en remuant de temps en temps, jusqu'à ce qu'elles soient *al dente,* c'est-à-dire tendres, mais encore élastiques. Pour vérifier la cuisson, prenez une pâte, laissez-la refroidir un peu et goûtez-la : une fine ligne blanche doit apparaître au centre. Pendant que les pâtes cuisent, réchauffez la sauce sur feu doux. ›

LE TRUC DU CHEF

Les sauces à base d'huile d'olive conviennent mieux aux pâtes sèches qu'aux pâtes fraîches : elles enrobent leur surface légèrement rugueuse, sans être pour autant absorbées.

5 Égoutter les linguine

Réservez deux louches d'eau de cuisson des pâtes pour rectifier ultérieurement la consistance du plat. Transférez les pâtes dans une passoire et secouez celle-ci une seule fois pour éliminer l'excédent d'eau. Les pâtes doivent rester humides.

6 Vérifier l'assaisonnement de la sauce

Goûtez la sauce chaude. Ajoutez une pointe de sel si nécessaire, car le seul sel employé dans ce plat est celui de l'eau de cuisson des pâtes. Pour un goût plus relevé, ajoutez un peu de piment. Incorporez le sel et le piment par petites quantités et goûtez, jusqu'à ce que vous obteniez un bon équilibre des saveurs.

7 Mélanger les linguine et la sauce

Ajoutez les pâtes égouttées dans la poêle contenant la sauce. À l'aide de deux cuillères ou spatules en bois, mélangez les ingrédients : ramenez les pâtes du fond vers le dessus jusqu'à ce qu'elles soient toutes enrobées de sauce. Comptez environ 30 secondes. Si le mélange vous paraît sec, ajoutez un peu de l'eau de cuisson réservée et continuez à remuer. Le persil et l'ail doivent être bien répartis et chaque pâte doit être luisante d'huile.

8 Servir les liguine *aglio olio*

Avec une pince à spaghetti, répartissez les pâtes dans les assiettes chaudes. Avec une louche, récupérez la sauce restant dans la poêle. Pour former de jolis nids (photo p. 96), attrapez une bonne quantité de linguine entre les dents d'une grande fourchette et faites-la tourner dans une grande cuillère métallique. Transférez le nid ainsi formé dans une assiette chaude et répétez l'opération pour le reste des pâtes. Servez sans attendre.

LE TRUC DU CHEF

Si vous utilisez des piments séchés, écrasez-les légèrement au pilon dans un mortier ou entre les doigts avant de les ajouter à la préparation.

Variations autour d'un thème : la sauce à l'huile d'olive

Maintenant que vous savez préparer une sauce simple à base d'huile d'olive et de quelques autres ingrédients, comme la sauce *aglio olio* (p. 97), vous possédez la technique de base pour préparer des sauces plus complexes. Ce mode de préparation des pâtes nous vient du sud de l'Italie, région privilégiée des sauces à l'huile d'olive et des pâtes sèches. La diversité des combinaisons des ingrédients et des formes de pâtes y est infinie. Après avoir essayé ces trois variantes, laissez libre cours à votre imagination et composez vos propres plats. Chaque variante est prévue pour 4 à 6 personnes.

Linguine à la sauce aux coques

Testez de préférence cette recette l'été, au bord de la mer…

Faites dégorger 2 kg de coques dans de l'eau salée (100 g de gros sel par litre d'eau) pendant 2 heures. Rincez-les. Jetez celles qui ne se ferment pas au toucher. Dans un faitout posé sur feu moyen, déposez les coques avec 4 cuill. à soupe d'eau. Couvrez, portez à ébullition et laissez les coquillages s'ouvrir de 3 à 4 minutes. Transférez les coques dans un grand récipient et jetez celles qui sont restées fermées. Tamisez l'eau de cuisson au-dessus d'un bol dans une passoire tapissée d'une gaze. Sortez les mollusques des coquilles et réservez-les dans un saladier.

Dans une grande poêle posée sur feu moyen, faites chauffer 5 cuill. à soupe d'huile d'olive vierge extra. Lorsqu'elle est chaude, ajoutez 6 grosses gousses d'ail finement hachées et 3 pincées de piment. Faites revenir 4 minutes, jusqu'à ce que l'ail soit doré. Ajoutez le jus des coques et laissez réduire 1 minute. Retirez la poêle du feu et incorporez 3 cuill. à soupe de persil plat haché et les coques.

Faites cuire 500 g de linguine, 7 à 9 minutes. Réservez un peu de leur eau de cuisson et égouttez-les. Mélangez-les avec la sauce. Rectifiez la consistance avec un peu de l'eau réservée. Servez sans attendre.

Farfalle aux champignons, à l'ail et au persil

La sauce est additionnée de champignons et les linguine sont remplacés par des pâtes courtes en forme de papillon : les farfalle.

Dans une grande poêle posée sur feu moyen, faites chauffer 5 cuill. à soupe d'huile d'olive vierge extra. Lorsqu'elle est chaude, ajoutez 6 grosses gousses d'ail finement hachées et 3 pincées de piment. Faites revenir le tout 2 minutes. Augmentez le feu et ajoutez 500 g de champignons mélangés en lamelles (shiitake, pleurotes, champignons de Paris, etc.). Faites-les sauter environ 10 minutes jusqu'à ce que leur eau soit évaporée et qu'ils soient bien dorés. Incorporez 3 cuill. à soupe de persil plat haché.

Faites cuire 500 g de farfalle,7 à 9 minutes. Réservez un peu de leur eau de cuisson et égouttez-les. Mélangez-les à la sauce jusqu'à ce qu'elles soient bien enrobées et rectifiez la consistance avec un peu de l'eau réservée. Servez sans attendre.

Penne à la farine complète et aux légumes d'été

Le début de l'été est le moment idéal pour préparer une bonne sauce aux légumes du jardin brièvement cuits dans de l'huile d'olive à l'ail. Les pâtes à la farine complète, au léger goût de noisette, sont idéales avec cette sauce.

Dans une grande poêle posée sur feu moyen, faites chauffer 5 cuill. à soupe d'huile d'olive vierge extra. Lorsqu'elle est chaude, ajoutez 6 grosses gousses d'ail finement hachées, 2 courgettes coupées en rondelles, 250 g d'asperges coupées en tronçons, 1/2 cuill. à café de sel et 3 pincées de piment. Faites revenir les légumes jusqu'à ce qu'ils soient presque tendres, soit environ 4 minutes. Ajoutez 200 g de tomates cerises coupées en deux et 1/2 cuill. à café d'origan séché. Poivrez à volonté. Faites cuire environ 3 minutes, jusqu'à ce que les tomates soient juste ramollies.

Faites cuire 500 g de penne à la farine complète, 7 à 9 minutes. Réservez un peu de leur eau de cuisson et égouttez-les. Mélangez-les à la sauce jusqu'à ce qu'elles soient bien enrobées et rectifiez la consistance avec un peu de l'eau réservée. Servez sans attendre.

Penne au pesto, aux pommes de terre et aux haricots verts

Le pesto offre une superbe couleur vert émeraude. Bien qu'il soit traditionnellement associé aux pâtes fraîches, il convient aussi aux pâtes sèches. Les haricots verts et les pommes de terre nouvelles accompagnent parfaitement ce plat estival.

1 Préparer le pesto

Mettez le basilic, les pignons de pin, l'ail et le sel dans un mortier. Écrasez-les au pilon, en un mouvement circulaire, jusqu'à l'obtention d'une pâte verte épaisse. Cette opération prend plusieurs minutes. Versez l'huile d'olive en filet, sans cesser de remuer, jusqu'à ce que la sauce soit épaisse et liquide. Transférez le mélange dans un grand bol, puis incorporez le parmesan à l'aide d'une cuillère. Goûtez le pesto : il doit sentir le basilic frais nuancé d'ail, de pignon et de parmesan. Si vous le trouvez fade, incorporez davantage de parmesan ou de sel jusqu'à ce que les saveurs soient équilibrées. N'oubliez pas que le goût sera atténué lorsque le pesto sera mélangé avec les légumes et les pâtes.

2 Cuire les légumes

Placez un grand saladier et des assiettes dans le four à 95 °C (th. 2-3). Remplissez un faitout d'eau aux trois quarts, portez à ébullition et ajoutez 2 cuillerées à soupe de sel. Ajoutez les pommes de terre et les haricots verts et faites-les cuire environ 10 minutes, jusqu'à ce qu'ils soient tendres. Avec une écumoire, transférez les légumes dans le saladier chaud. Couvrez-le de papier d'aluminium pour les maintenir au chaud.

3 Cuire et égoutter les penne

Portez l'eau à nouvelle ébullition, ajoutez les pâtes en une fois et remuez doucement. Faites-les cuire 7 à 9 minutes, en remuant de temps en temps, jusqu'à ce qu'elles soient *al dente*, c'est-à-dire tendres, mais encore élastiques. Pour plus d'informations concernant la cuisson des pâtes sèches, reportez-vous p. 38. Réservez deux louches d'eau de cuisson des pâtes pour rectifier ultérieurement la consistance du plat. Transférez les pâtes dans une passoire et secouez celle-ci une seule fois pour éliminer l'excédent d'eau. Les pâtes doivent rester humides.

4 Mélanger les penne, la sauce et les légumes

Mettez les pâtes égouttées dans le saladier contenant les légumes, puis ajoutez le pesto. À l'aide d'une cuillère ou d'une spatule en bois, mélangez jusqu'à ce que les légumes soient bien enrobés de sauce. Si le mélange vous paraît sec, ajoutez un peu de l'eau de cuisson réservée et remuez à nouveau. Ajoutez le beurre et mélangez.

5 Servir les penne au pesto, aux pommes de terre et aux haricots verts

Avec une grande cuillère, répartissez les pâtes aux légumes dans les assiettes chaudes. Servez sans attendre.

POUR 4 À 6 PERSONNES

Pour le pesto

45 g de feuilles de basilic fraîches

3 cuill. à soupe de pignons de pin

1 gousse d'ail, grossièrement hachée

1/4 cuill. à café de sel

5 cuill. à soupe d'huile d'olive vierge extra

125 g de parmesan, fraîchement râpé

Sel pour la cuisson des légumes et des pâtes

250 g de petites pommes de terre roseval, pelées et coupées en rondelles de 5 mm d'épaisseur

250 g de haricots verts fins, équeutés

500 g de penne

20 g de beurre, à température ambiante

LE TRUC DU CHEF

Pour que le pesto soit bien vert, vous pouvez incorporer quelques cuillerées à soupe de persil plat. Contrairement au basilic, le persil ne noircit pas lorsqu'il est pilé ou coupé.

Spaghetti carbonara

Ces savoureux spaghetti sont rehaussés d'une sauce élaborée à base d'œufs frais, de pecorino et de pancetta. Peu d'ingrédients sont nécessaires pour cette recette, mais ils doivent être tous d'une fraîcheur et d'une qualité irréprochables...

POUR 6 PERSONNES EN PLAT PRINCIPAL
OU 8 PERSONNES EN ENTRÉE

125 g de pancetta ou de lard fumé, coupé en tranches de 3 mm d'épaisseur

1 cuill. à soupe d'huile d'olive

3 gros œufs

1/4 cuill. à café de sel

8 tours de moulin à poivre

Sel pour la cuisson des pâtes

500 g de spaghetti

100 g de pecorino romano fraîchement râpé + 6 cuill. à soupe pour le service

POUR GAGNER DU TEMPS

Laissez la pancetta ou le lard 15 minutes au congélateur avant de commencer la recette : vous les couperez plus facilement.

1 Préparer la pancetta

Empilez les tranches de pancetta ou de lard sur une planche à découper. À l'aide d'un couteau de chef, coupez toute la pile en bâtonnets de 5 mm de large. Recoupez dans la largeur en lanières de 5 mm pour obtenir des dés de 5 mm de côté. Posez une poêle de 30 cm de diamètre sur feu moyen et faites chauffer l'huile d'olive. Ajoutez la pancetta ou le lard et remuez pour séparer les dés. Faites cuire environ 10 minutes, en remuant de temps en temps, jusqu'à ce que les dés soient dorés. Retirez la poêle du feu. Ne jetez pas la graisse : elle apporte une saveur au plat et rend la sauce crémeuse.

2 Battre les œufs

Cassez les œufs dans un bol et éliminez tout éventuel fragment de coquille. Ajoutez le sel et le poivre. Battez le mélange à la fourchette.

3 Cuire et égoutter les spaghetti

Placez des assiettes creuses dans le four à 95 °C (th. 2-3). Remplissez un faitout d'eau aux trois quarts, portez à ébullition et ajoutez 2 cuillerées à soupe de sel. Ajoutez les pâtes, remuez doucement et enfoncez-les sous l'eau. Faites-les cuire 7 à 9 minutes, en remuant de temps en temps, jusqu'à ce qu'elles soient *al dente*, c'est-à-dire tendres, mais encore élastiques. Pour vérifier la cuisson, prenez une pâte, laissez-la refroidir un peu et goûtez-la : une fine ligne blanche doit apparaître au centre. Pendant que les pâtes cuisent, réchauffez la pancetta sur feu moyen jusqu'à ce qu'elle grésille. Réservez deux louches de l'eau de cuisson des pâtes. Transférez les pâtes dans une passoire et secouez celle-ci une seule fois pour éliminer l'excédent d'eau : les pâtes doivent rester humides.

4 Mélanger les spaghetti et la sauce

Mettez les pâtes égouttées dans la poêle contenant la pancetta. À l'aide de deux cuillères ou spatules en bois, mélangez jusqu'à ce que la pancetta soit bien répartie dans les spaghetti. Ajoutez le mélange à l'œuf et 2 cuillerées à soupe de l'eau de cuisson réservée. Mélangez jusqu'à obtenir une préparation crémeuse : si besoin, ajoutez un peu plus de l'eau de cuisson réservée. Remuez rapidement, environ 30 secondes, pour que les œufs ne cuisent pas. Retirez la poêle du feu, poudrez les pâtes de fromage et mélangez à nouveau.

5 Servir les spaghetti carbonara

Répartissez les pâtes dans les assiettes chaudes. Il est difficile de vérifier l'assaisonnement de ce plat à l'avance : mettez du poivre fraîchement moulu et du pecorino râpé sur la table. Servez sans attendre.

Gratin de ziti à la ricotta, à la mozzarella, à la saucisse et à la sauce tomate

Chaque bouchée est une explosion de saveurs : la sauce et la chair à saucisses enrobent les ziti et se logent à l'intérieur des tubes. La ricotta et la mozzarella ajoutent une agréable onctuosité à ce plat rustique et copieux.

POUR 8 À 10 PERSONNES

500 g de saucisse de Toulouse

2 portions de sauce *marinara* (p. 94)

125 g de parmesan fraîchement râpé

500 g de ricotta

375 g de mozzarella, égouttée et coupée en lanières

Sel pour la cuisson des pâtes

500 g de ziti

1 Cuire la saucisse

Mettez la saucisse dans une poêle et couvrez-la d'eau. Faites chauffer sur feu moyen jusqu'à ce que l'eau frémisse. Laissez cuire 5 minutes. Videz l'eau, puis poursuivez la cuisson de la saucisse environ 10 minutes, en la retournant fréquemment, jusqu'à ce qu'elle soit cuite et dorée de toutes parts. Transférez-la sur une planche à découper et coupez-la en rondelles de 5 mm d'épaisseur.

2 Cuire les ziti

Pendant la cuisson de la saucisse, placez une grille à mi-hauteur du four à 180 °C (th. 6). Remplissez un faitout d'eau aux trois quarts, portez à ébullition et ajoutez 2 cuillerées à soupe de sel. Ajoutez les pâtes en une fois et remuez doucement pour les empêcher de coller. Faites-les cuire 6 à 8 minutes, en remuant de temps en temps, jusqu'à ce qu'elles soient presque tendres, mais pas encore tout à fait cuites : elles achèveront leur cuisson dans le four.

3 Égoutter les ziti et les mélanger à la sauce

Égouttez les pâtes dans une passoire et secouez-la une seule fois pour éliminer l'excédent d'eau : les pâtes doivent rester humides. Remettez-les dans le faitout. Ajoutez la saucisse, la moitié de la sauce *marinara* et 60 g de parmesan râpé. Mélangez.

4 Superposer les ingrédients dans un plat à gratin

Étalez la moitié des pâtes dans un plat à gratin, si possible de 23 x 33 x 5 cm. Émiettez la ricotta et répartissez-la ainsi que les lanières de mozzarella. Nappez de 25 cl de sauce. Recouvrez ensuite du reste des pâtes et enfin du reste de la sauce. Poudrez avec le reste du parmesan.

5 Cuire au four et servir le gratin de ziti

Couvrez le plat de papier d'aluminium et faites-le cuire 45 minutes au four. Enlevez l'aluminium et poursuivez la cuisson 15 minutes : la sauce doit former des petites bulles le long des parois du plat et si vous piquez la pointe de votre couteau au centre du gratin, elle doit ressortir très chaude. Si la couche supérieure brunit trop rapidement, couvrez à nouveau de papier d'aluminium avant de poursuivre la cuisson. Retirez le plat du four, couvrez-le de papier d'aluminium et laissez-le reposer sur une grille environ 10 minutes. Utilisez une grande cuillère pour servir.

POUR GAGNER DU TEMPS

Vous pouvez préparer ce plat de ziti 24 heures avant de le cuire au four. Couvrez-le de film alimentaire et conservez-le au réfrigérateur. Comptez alors 30 minutes de cuisson supplémentaires. Au bout d'une heure, vérifiez toutes les 15 minutes l'état de la cuisson.

Gratin de macaroni au fromage

Pour ce plat typiquement familial, on fait habituellement fondre du gruyère dans une sauce blanche épaisse, que l'on mélange ensuite avec des macaroni ou un autre type de pâtes creuses. Cette variante consiste à faire cuire le tout dans un plat à gratin sous une couche de chapelure. Dorée et croustillante, la croûte crée un contraste parfait avec les pâtes tendres, enrobées de fromage.

POUR 6 PERSONNES EN PLAT PRINCIPAL
OU 12 PERSONNES EN ACCOMPAGNEMENT

1 portion de sauce blanche (p. 28)

3 pincées de muscade, fraîchement râpée

3 tours de moulin à poivre

250 g de gruyère, grossièrement râpé

Sel pour la cuisson des pâtes

500 g de macaroni coudés ou de petites *conchiglie* (coquillages)

20 g de beurre, pour le plat

2 cuill. à soupe de chapelure sèche

POUR GAGNER DU TEMPS

Vous pouvez préparer ce plat de macaroni 24 heures avant de le cuire au four. Couvrez-le de film alimentaire et conservez-le au réfrigérateur. Comptez alors 30 minutes de cuisson supplémentaires. Au bout d'une heure, vérifiez toutes les 15 minutes l'état de la cuisson.

1 Réchauffer la sauce

Si vous venez de préparer la sauce blanche, passez à l'étape 2. Si vous l'avez préparée à l'avance, mettez-la dans une casserole à fond épais, posez-la sur feu doux et remuez sans cesse à la cuillère en bois ou au fouet, jusqu'à ce qu'elle frémisse. Le cas échéant, allongez-la d'un peu d'eau.

2 Incorporer le fromage à la sauce

Retirez la sauce du feu, puis incorporez la muscade et le poivre. Ajoutez 200 g de gruyère et faites-le fondre en remuant. Peu importe qu'il ne fonde pas complètement et que la sauce ne soit pas totalement homogène : il finira de fondre au four. Goûtez la sauce et ajustez l'assaisonnement. N'oubliez pas que ses saveurs seront atténuées lorsque la sauce sera mélangée aux pâtes. Couvrez la sauce de film alimentaire : ce dernier doit toucher la surface pour éviter la formation d'une peau.

3 Cuire et égoutter les macaroni

Placez une grille à mi-hauteur du four préchauffé à 200 °C (th. 7). Beurrez un plat à gratin, si possible de 23 x 33 x 5 cm. Remplissez un faitout d'eau aux trois quarts, portez à ébullition et ajoutez 2 cuillerées à soupe de sel. Ajoutez les pâtes en une fois et remuez doucement pour les empêcher de coller. Faites-les cuire 6 à 8 minutes, en remuant de temps en temps, jusqu'à ce qu'elles soient presque tendres, mais pas encore totalement cuites : elles achèveront leur cuisson dans le four. Égouttez les pâtes dans une passoire, puis secouez-la une seule fois pour éliminer l'excédent d'eau : les pâtes doivent rester humides.

4 Superposer les ingrédients dans un plat à gratin

Remettez les pâtes dans le faitout. Ajoutez la sauce au fromage et mélangez pour bien enrober les pâtes. À l'aide d'une spatule en silicone, transférez le tout dans un plat à gratin beurré. Saupoudrez du reste du fromage, puis couvrez de chapelure.

5 Cuire et servir le gratin de macaroni au fromage

Faites cuire environ 30 minutes : la sauce doit former des petites bulles le long des parois et si vous piquez la pointe de votre couteau au centre du gratin elle doit ressortir très chaude. Si la couche supérieure brunit trop rapidement, couvrez de papier d'aluminium avant de poursuivre la cuisson. Déposez le plat sur une grille et laissez-le reposer environ 5 minutes. Utilisez une grande cuillère pour servir.

5

Les nouilles et les farinages

Les gnocchis, élaborés à partir de pommes de terre, ne sont pas, à proprement parler des pâtes, mais des farinages. Quant aux nouilles asiatiques, qu'il s'agisse des nouilles soba japonaises au sarrasin, des nouilles de riz ou des wonton typiquement chinois, ce chapitre vous permet d'apprendre à les cuisiner en quelques recettes.

RECETTE DE BASE

Gratin de gnocchi

Dans ce gratin tout simple, les gnocchi sont nappés d'une sauce blanche veloutée, puis saupoudrés de parmesan et de chapelure. Pendant la cuisson au four, la couche supérieure devient croustillante, prend une teinte dorée et forme un contraste gourmand avec l'intérieur du gratin, tendre et crémeux.

1 Cuire les pommes de terre

Placez une grille à mi-hauteur du four préchauffé à 180 °C (th. 6). Piquez les pommes de terre en plusieurs endroits à la fourchette, sur environ 5 mm de profondeur pour permettre à la vapeur de s'échapper pendant la cuisson. Mettez les pommes de terre directement sur la grille du four et faites-les cuire environ 1 heure 30, jusqu'à ce que la chair soit très tendre sous la pointe d'un couteau. Sortez-les du four et laissez-les refroidir.

2 Réduire les pommes de terre en purée

Lorsque les pommes de terre sont assez froides pour être manipulées, coupez-les en deux dans la longueur. Avec une cuillère à soupe, prélevez la chair. Fixez une grille fine sur un presse-purée. Passez la chair des pommes de terre dans le presse-purée, en la recueillant sur une plaque de four. Avec une spatule en silicone, étalez la purée sur la plaque de four et laissez-la refroidir complètement. Cette étape permet à l'excédent d'humidité de s'évaporer, de façon à assécher le plus possible les pommes de terre avant de confectionner la pâte.

3 Préparer la pâte à gnocchi

Cassez les œufs dans un bol et éliminez tout éventuel fragment de coquille. Ajoutez le sel et battez le tout à la fourchette. Lorsque les pommes de terre sont complètement froides, ajoutez les œufs. Saupoudrez le tout de 150 g de farine. Avec un coupe-pâte, mélangez bien la purée de pommes de terre aux œufs et à la farine, jusqu'à l'obtention d'une pâte grossière. Préparer ainsi la pâte à la main donne aux gnocchi une texture légère et délicate. >

POUR 6 À 8 PERSONNES

Pour les gnocchi

5 pommes de terre bintje, soit environ 1,25 kg

2 gros œufs

1/2 cuill. à café de sel

325 g de farine + 3 à 4 cuill. à soupe, pour le plan de travail

Pour la sauce blanche

50 cl de lait entier

60 g de beurre

50 g de farine

1/4 cuill. à café de sel

125 g de parmesan

Sel pour la cuisson des gnocchi

20 g de beurre + 20 g pour le plat

1 cuill. à soupe de chapelure fine

4>
5>>

4 Rectifier la consistance de la pâte et la diviser en portions

Saupoudrez un plan de travail un peu rugueux de 50 g de farine. Étalez la pâte et saupoudrez-la de 50 g de farine. Malaxez la pâte avec les mains, en la comprimant légèrement, jusqu'à l'incorporation de la farine. Incorporez petit à petit 75 g de farine pour obtenir une pâte souple. Formez une boule avec la pâte. Farinez-la et couvrez-la d'un saladier retourné. Farinez deux plaques de four. Avec le coupe-pâte, grattez le plan de travail jusqu'à ce qu'il soit propre, puis farinez-le à nouveau. Divisez la pâte en huit portions égales et remettez-en sept sous le récipient.

5 Rouler la pâte en baguette

Posez la portion de pâte au centre du plan de travail et roulez-la en un court cylindre. Avec les deux mains, roulez ce cylindre d'avant en arrière, en déplaçant petit à petit vos mains vers les extrémités, pour former une baguette d'environ 1 cm de diamètre.

6 Découper la baguette en tronçons

Avec le coupe-pâte ou un couteau de chef, coupez la baguette en tronçons de 1 cm de long. Disposez les tronçons en une seule couche sur les plaques de four, en les espaçant pour qu'ils ne se touchent pas. Roulez et coupez les autres portions de pâte de la même façon. Couvrez les plaques de four de papier d'aluminium et laissez-les reposer au moins 1 heure au réfrigérateur.

7 Préparer la sauce blanche

Pour plus d'informations concernant la préparation de la sauce blanche, reportez-vous p. 28. Faites chauffer le lait sur feu moyen dans une petite casserole. Posez une seconde casserole à fond épais sur feu moyen et faites fondre le beurre. Ajoutez ensuite la farine et faites cuire 2 minutes, en remuant sans cesse, jusqu'à l'obtention d'un roux. Retirez la casserole du feu et versez le lait chaud en filet, toujours en fouettant. Salez, remettez la casserole sur feu moyen et remuez sans cesse durant 1 minute, jusqu'à ce que la sauce soit onctueuse et suffisamment épaisse pour enrober le dos d'une cuillère. Retirez la casserole du feu. >

LE TRUC DU CHEF

Pour la préparation des gnocchi, choisissez des pommes de terre à chair farineuse, contenant suffisamment d'amidon et d'humidité : votre pâte n'en sera que plus réussie. N'utilisez jamais de pommes de terre nouvelles, trop riches en eau.

8 Préparer les ingrédients et le matériel

Râpez finement le parmesan sur la grille d'une mandoline ou d'une râpe. Placez une grille à mi-hauteur du four préchauffé à 200 °C (th. 7). Beurrez un plat à gratin si possible de 23 x 33 x 5 cm. Remplissez un faitout d'eau aux trois quarts, portez à ébullition et ajoutez 2 cuillerées à soupe de sel. Mettez une passoire dans l'évier.

POUR GAGNER DU TEMPS

Vous pouvez préparer ce plat de gnocchi 24 heures avant de le cuire au four. Couvrez-le de film alimentaire et conservez-le au réfrigérateur. Comptez alors 30 minutes de cuisson supplémentaires. Au bout d'une heure, vérifiez toutes les 15 minutes l'état de la cuisson.

9 Cuire les gnocchi

Plongez la moitié des gnocchi, par 3 ou 4, dans l'eau en ébullition et remuez doucement pour les empêcher de coller. Faites-les cuire environ 3 minutes, jusqu'à ce qu'ils remontent à la surface. Pour vérifier la cuisson, prélevez-en un avec une écumoire et coupez-le en deux avec un couteau d'office. Il doit être tendre et ne pas avoir un goût de farine crue. Avec l'écumoire, transférez les gnocchi dans la passoire et égouttez-les quelques secondes. Portez l'eau à nouvelle ébullition, ajoutez le reste des gnocchi, puis faites-les cuire et égouttez-les de la même façon.

10 Préparer le gratin de gnocchi

Pendant la cuisson de la seconde fournée de gnocchi, transférez la première dans le plat beurré. Nappez cette première couche de gnocchi de la moitié de la sauce blanche, puis saupoudrez-la de la moitié du parmesan. Recouvrez avec le reste des gnocchi égouttés, nappez du reste de la sauce et saupoudrez du parmesan restant. Coupez le beurre en copeaux et répartissez-le sur le dessus. Parsemez ensuite de chapelure.

11 Cuire et servir le gratin de gnocchi

Faites cuire le gratin au four environ 30 minutes, jusqu'à ce que la sauce forme de petites bulles contre les parois du plat et que la surface soit dorée. Si vous piquez la pointe d'un couteau au centre, elle doit ressortir très chaude. Retirez le plat du four et laissez-le reposer 10 minutes sur une grille. Utilisez une grande cuillère pour servir.

La touche finale

Le gratin est l'une des multiples façons d'accommoder les gnocchi. En effet, leur texture légère et leur saveur délicate permettent aussi de les marier à la plupart des accompagnements destinés aux pâtes, parmi lesquels : la sauce amatriciana, *le pesto et le parmesan. Nappez d'abord la première fournée de gnocchi cuits avec la moitié de la sauce, mélangez bien, puis faites de même pour la seconde fournée.*

Gnocchi, sauce *amatriciana* (en haut, à gauche)
Des gnocchi relativement légers associés à une sauce *amatriciana* consistante (p. 95), au piment et aux dés de pancetta, donnent un contraste des plus savoureux.

Gnocchi au beurre et au parmesan (à gauche)
Mélangez les gnocchi cuits avec 125 g de beurre fondu et 60 g de parmesan fraîchement râpé. Mettez le moulin à poivre sur la table, ainsi qu'un peu de parmesan.

Gnocchi au pesto (ci-dessus)
Le pesto (p. 101) est originaire de Ligurie, dans le nord-ouest de l'Italie, où on le sert avec des pâtes fraîches, des pommes de terre et des haricots verts : il est donc l'allié idéal des gnocchi.

1

2

4

5

RECETTE DE BASE

Nouilles soba et sa sauce aux algues

Les nouilles soba japonaises présentent une jolie teinte gris-brun et une saveur prononcée. Ici, elles sont servies froides avec une sauce aux saveurs marines subtiles provenant de flocons de bonite et de konbu, une variété d'algue. Préférez la farine de sarrasin pour confectionner vos nouilles.

POUR 6 PERSONNES

Pour la sauce

- 1 morceau de konbu de 7,5 x 10 cm
- 15 g de flocons de bonite séchée
- 10 cl de sauce soja
- 5 cuill. à soupe de mirin
- 1 cuill. à café de sucre

Pour la pâte soba

- 1 cuill. à café de sel
- 180 g de farine de sarrasin, japonaise si vous en trouvez
- 120 g de farine de blé + 2 à 3 cuill. à soupe, pour le plan de travail

- 1 feuille de nori d'environ 20 cm de côté
- 2 cuill. à soupe de wasabi en poudre
- 8 oignons nouveaux
- 2,5 cm de gingembre frais

POUR GAGNER DU TEMPS

Pour préparer la pâte soba, vous pouvez utiliser 500 g de nouilles soba sèches. Faites-les cuire dans de l'eau en ébullition, selon les instructions portées sur l'emballage, et suivez la recette à partir de l'étape 9.

1 Préparer le dashi pour la sauce

Dans une casserole placée sur feu moyen, mélangez le konbu avec 1 litre d'eau. Faites chauffer lentement jusqu'à ce que le liquide frémisse. Ajoutez les flocons de bonite et retirez la casserole du feu. Attention : le konbu et la bonite dégagent une odeur et un goût très forts s'ils chauffent trop. Laissez reposer environ 3 minutes le bouillon, jusqu'à ce que les flocons tombent au fond de la casserole. Tamisez le bouillon dans une passoire fine au-dessus d'une casserole propre. Jetez le konbu et la bonite. Ce bouillon japonais se nomme « dashi ».

2 Préparer la sauce d'accompagnement

Posez la casserole de dashi sur feu moyen. Ajoutez la sauce soja, le mirin et le sucre et faites cuire environ 4 minutes, en remuant une ou deux fois, jusqu'à ce que le sucre soit dissout et que de la vapeur se dégage de la casserole. Retirez la casserole du feu et laissez refroidir à température ambiante.

3 Vérifier l'assaisonnement de la sauce

Goûtez la sauce d'accompagnement : si elle a un goût « neutre », ajoutez un trait de sauce soja, si elle est fade, ajoutez du mirin et si elle est âpre, adoucissez avec un peu de sucre. Incorporez chaque condiment par petite quantité jusqu'à atteindre le bon équilibre des saveurs. Couvrez et mettez au réfrigérateur environ 2 heures.

4 Confectionner la pâte soba

Versez 10 cl d'eau dans un bol. Ajoutez le sel et faites-le dissoudre en remuant avec un petit fouet. Mettez les farines de sarrasin et de blé dans le bol d'un robot, équipé de sa lame métallique. Mixez. Versez l'eau salée en filet dans le bol du robot, tout en faisant fonctionner l'appareil. Après 30 secondes de malaxage, la pâte forme une boule au-dessus de la lame. Si la pâte n'est pas assez humide pour se ramasser en boule au-dessus de la lame, ajoutez petit à petit une petite quantité d'eau supplémentaire, cuillerée par cuillerée.

5 Pétrir légèrement la pâte à la main

Farinez vos mains et un plan de travail un peu rugueux avec de la farine ordinaire. Posez le pâton au centre. Avec la paume d'une main, repoussez la boule, puis soulevez-la et tournez-la d'un quart de tour. Répétez l'opération en farinant un peu la pâte, si besoin, jusqu'à ce qu'elle soit humide et satinée, sans être collante. Cette opération de pétrissage prend 1 ou 2 minutes. Formez une boule avec la pâte. Couvrez-la d'un grand saladier retourné et laissez-la reposer 30 minutes. ›

7

8

9

Pendant que les nouilles sèchent, vous pouvez préparer le nori, les oignons nouveaux, le wasabi et le gingembre destinés à l'accompagnement et à l'assaisonnement du plat.

6 Abaisser la pâte avec le laminoir

Pour plus d'informations concernant cette opération, reportez-vous p. 32. Fixez le laminoir sur le plan de travail, puis la manivelle sur la machine. Farinez légèrement une plaque de four. Avec un coupe-pâte ou un couteau de chef, coupez le pâton en quatre portions égales. Réservez-en trois sous le saladier retourné pour qu'elles ne sèchent pas. Aplatissez la dernière en un disque d'environ 1 cm d'épaisseur. Tournez la molette du laminoir de façon à écarter les cylindres au maximum, puis farinez-les. Passez le disque de pâte entre les cylindres. Pliez la pâte en trois, farinez une face et passez-la à nouveau dans le laminoir.

7 Abaisser le reste de la pâte

Recommencez 8 à 10 fois cette opération en rapprochant les cylindres d'un cran à chaque passage et en farinant la pâte si elle devient collante. À ce stade, il n'est plus nécessaire de la plier. La pâte doit être lisse et transparente et faire 2 mm d'épaisseur, ce qui correspond à l'avant-dernier cran du laminoir.

8 Découper l'abaisse en morceaux

Coupez l'abaisse de pâte en morceaux d'environ 25 cm de longueur. Disposez-les à plat sur une plaque de four farinée ou un torchon non pelucheux et fariné. Répétez les étapes 6 à 8 pour le reste de la pâte. Laissez sécher 10 à 20 minutes : le séchage affermit la pâte et facilite sa découpe.

9 Découper les morceaux en nouilles

Pour plus d'informations concernant cette opération, reportez-vous p. 33. Fixez l'accessoire à linguine (rubans les plus étroits) sur le laminoir, puis la manivelle sur la machine. Farinez une plaque de four. Une par une, insérez les portions de pâte entre les lames et tournez la manivelle pour obtenir des rubans de 2 mm de large. Disposez les rubans à plat sur la plaque du four farinée et laissez-les sécher 10 à 20 minutes pendant que vous préparez le nori, le wasabi, les oignons nouveaux et le gingembre.

10 Préparer le nori

Allumez l'un des brûleurs de votre cuisinière. Saisissez la feuille de nori avec une pince et tenez-la environ 7 cm au-dessus de la flamme : elle va devenir verte et croustillante. Ne la laissez pas trop longtemps, car elle risquerait de s'enflammer. Posez-la ensuite sur une assiette et laissez-la refroidir. Avec des ciseaux de cuisine, coupez-la en quatre. Superposez les quatre morceaux et coupez le tout en lanières de 3 mm de large. Recoupez les lanières en deux dans la largeur.

11 Préparer le wasabi

Dans un bol, délayez le wasabi en poudre dans 1 cuillerée à soupe d'eau, de façon à obtenir une pâte épaisse. Si elle est trop épaisse, allongez la pâte avec un peu d'eau : elle doit être souple et malléable. ›

12 Préparer les oignons et le gingembre

Avec un couteau de chef, enlevez les racines et la partie dure des tiges des oignons nouveaux. Coupez finement les bulbes dans la largeur pour obtenir environ 50 g d'oignon haché. Avec un couteau économe ou un couteau d'office, pelez le gingembre, puis râpez-le finement.

13 Cuire les nouilles

Remplissez un faitout d'eau aux trois quarts et portez à ébullition. Ne salez pas l'eau. Ajoutez les pâtes en une fois et remuez doucement pour les empêcher de coller. Faites-les cuire 2 minutes, en remuant de temps en temps, jusqu'à ce qu'elles soient tendres, mais encore élastiques.

14 Égoutter les nouilles

Égouttez les nouilles dans une passoire à trous fins (pour que les nouilles ne passent pas à travers). Rincez-les ensuite sous l'eau froide en les séparant avec les doigts pour qu'elles refroidissent. Égouttez-les à nouveau. Les nouilles soba contiennent plus d'amidon que les pâtes : il faut les rincer pour ôter l'excédent d'amidon qui les ferait coller entre elles.

15 Servir les nouilles soba et sa sauce aux algues

Avec les doigts, démêlez les nouilles avec précaution, puis disposez-les en tas dans 6 assiettes individuelles. Parsemez chaque portion d'une quantité égale de nori et d'oignon nouveau. Répartissez la sauce d'accompagnement dans 6 bols, puis le wasabi et le gingembre dans 6 soucoupes. Servez à chaque convive une assiette de nouilles, un bol de sauce et une soucoupe de wasabi et de gingembre. Expliquez à vos convives comment assaisonner leur sauce avec le wasabi et le gingembre, puis avec deux baguettes, plongez quelques nouilles dans le mélange.

LE TRUC DU CHEF

Vous trouverez facilement tous les ingrédients nécessaires à la préparation de cette recette dans les épiceries asiatiques.

La touche finale

Les nouilles soba froides peuvent être accompagnées d'une sauce à base de dashi ou dégustées dans du dashi chaud. Préparez le dashi et assaisonnez-le comme indiqué pour la sauce d'accompagnement, mais, au lieu de le mettre au réfrigérateur, faites-le chauffer sur feu moyen. Rincez les nouilles sous l'eau chaude, puis arrosez-les du bouillon chaud. Complétez avec les ingrédients de votre choix.

Nouilles soba au bouillon et aux oignons nouveaux (en haut, à gauche)
Présentez les oignons en lanières plutôt qu'en lamelles : coupez 4 oignons nouveaux en tronçons de 5 cm, puis émincez-les le plus finement possible dans la longueur. Parsemez les nouilles des lanières.

Nouilles soba au bouillon et au daikon (à gauche)
Pelez le daikon, puis prélevez de très fines lamelles dans la longueur avec un couteau économe. Superposez-les et coupez-les en fines lanières. Parsemez-en les nouilles et garnissez-les de germes de daikon.

Nouilles soba au bouillon et shichimi (ci-dessus)
Le shichimi est un condiment principalement élaboré à partir de piment moulu, de poivre noir et de graines de sésame. Il ajoute une note épicée à ce plat.

Wonton

Comme les pâtes fraîches, les wonton sont élaborés à partir de farine de blé et d'eau. Ici, ils sont farcis traditionnellement avec un mélange de porc, de chou chinois, d'oignons nouveaux et de gingembre. Poêlés, puis cuits à la vapeur, les wonton sont grillés en dessous, tendres sur le dessus et moelleux à l'intérieur.

1 Préparer et blanchir le chou

Avec un couteau de chef, enlevez le trognon du chou. Coupez les feuilles dans la largeur en lanières d'1 cm de large. Pesez 180 g de lanières et réservez le reste pour un autre usage. Remplissez une casserole d'eau aux trois quarts et portez à ébullition. Ajoutez le sel et le chou. Après reprise de l'ébullition, faites blanchir le chou, c'est-à-dire cuire 1 minute : le chou est alors à peine ramolli. Transférez-le dans une passoire et rincez-le sous l'eau froide, jusqu'à ce qu'il soit complètement froid. Secouez bien la passoire, puis pressez le chou avec les mains pour en extraire le plus d'eau possible. Le chou a alors réduit de volume.

2 Préparer les oignons nouveaux et le gingembre

Avec le couteau de chef, enlevez les racines et la partie dure des tiges des oignons nouveaux, puis hachez-les finement. Avec un couteau économe, pelez le gingembre, puis râpez-le sur une râpe à petits trous. Prélevez 1 cuillerée à soupe de gingembre râpé pour la farce et réservez le reste pour la sauce.

3 Mixer la farce

Mettez le chou dans le bol d'un robot, équipé de sa lame métallique. Mixez pour le hacher finement. Ajoutez l'oignon nouveau, la cuillerée à soupe de gingembre, le porc, la sauce soja et la fécule. Mixez jusqu'à ce que les ingrédients soient mélangés et que la farce se tienne. Si vous mixez trop, le mélange sera pâteux.

4 Vérifier l'assaisonnement de la farce

Pour vérifier l'assaisonnement, faites chauffer l'huile d'arachide dans une poêle sur feu assez fort. Lorsqu'elle est chaude, mettez-y une petite cuillerée de farce et faites-la dorer des deux côtés, soit environ 3 minutes. Avec une pince, sortez-la de la poêle et déposez-la dans une assiette. Lorsqu'elle a légèrement refroidi, goûtez-la. Si elle est fade, incorporez une ou deux gouttes de sauce soja ou une petite quantité de sel ou de poivre à la farce crue. Si elle manque de piquant, incorporez un peu plus d'oignon nouveau ou de gingembre. ›

POUR 36 WONTON OU 6 PERSONNES

Pour la farce

1/2 chou chinois

1/2 cuill. à café de sel

2 oignons nouveaux

5 à 7 cm de gingembre frais

250 g de porc haché

2 cuill. à soupe de sauce soja

2 cuill. à café de fécule de pomme de terre

1 cuill. à soupe d'huile d'arachide

Pour la sauce d'accompagnement

10 cl de sauce soja

2 cuill. à soupe de vinaigre de riz blanc

1 cuill. à café d'huile de sésame

1 cuill. à soupe de gingembre frais, pelé et râpé

36 cercles de pâte wonton de 6 cm de diamètre

1 blanc d'œuf, légèrement battu

4 cuill. à soupe d'huile d'arachide ou de colza

LE TRUC DU CHEF

Si vous ne trouvez pas de cercles de pâte wonton, achetez des feuilles à ravioli de 10 cm de côté, et recoupez-les avec un emporte-pièce rond de 6 cm de diamètre.

5 Préparer la sauce d'accompagnement

Dans un bol, mélangez la sauce soja, le vinaigre, l'huile de sésame et 1 cuillerée à soupe du gingembre râpé réservé. Mélangez bien à la fourchette et laissez reposer pour que les saveurs se mêlent.

6 Façonner les wonton

Tapissez une plaque de four de film alimentaire. Disposez 6 cercles de pâte sur un plan de travail. Laissez les autres dans l'emballage pour qu'ils ne sèchent pas. Avec un pinceau à pâtisserie, badigeonnez de blanc d'œuf la moitié du pourtour de chaque cercle, afin de l'humecter légèrement. Placez 1 cuillerée à café de farce au centre de chaque cercle. Ne les farcissez pas trop : les wonton seraient difficiles à modeler et la farce pourrait s'échapper pendant la cuisson. Rabattez le bord de pâte badigeonné de blanc d'œuf sur l'autre bord. Prenez la demi-lune dans une main, et avec le pouce et l'index de votre main libre, pincez ensemble les bords d'une des extrémités de l'arc de cercle. En suivant la courbe, formez avec les doigts 4 ou 5 petits plis à espaces réguliers, en pinçant bien à chaque fois pour les souder. Enfin, aplatissez légèrement la base de la demi-lune en la pressant doucement contre votre paume. Disposez le wonton sur la plaque de four. Répétez l'opération avec le reste des cercles et de la farce.

7 Frire les wonton

Placez un grand plat dans le four à 95 °C (th. 2-3). Posez une poêle antiadhésive de 30 cm de diamètre sur feu plutôt fort et versez-y 2 cuillerées à soupe d'huile d'arachide. Faites chauffer l'huile. Elle doit grésiller lorsque vous y versez une goutte d'eau. Déposez-y avec précaution la moitié des wonton, sur une seule couche, en les espaçant. Faites-les frire 1 à 2 minutes, jusqu'à ce que le dessous soit doré. Surveillez-les bien, car ils brûlent rapidement.

8 Cuire les wonton à la vapeur

Versez 4 cuill. à soupe d'eau dans la poêle, en vous éloignant le plus possible, pour éviter les projections d'huile produits par le contact avec l'eau. Réduisez le feu, couvrez la poêle et faites étuver ainsi les wonton 2 à 3 minutes, sur feu doux jusqu'à ce qu'ils soient légèrement transparents. Enlevez le couvercle, augmentez le feu, puis faites cuire sur feu moyen environ 1 minute, jusqu'à ce que le liquide de la poêle se soit évaporé et que le dessus des wonton commence à gonfler. Avec une écumoire, transférez les wonton dans le plat chaud et couvrez-les hermétiquement de papier d'aluminium pour les maintenir au chaud. Faites chauffer à nouveau 2 cuillerées à soupe d'huile dans la poêle et faites cuire le reste des wonton de la même façon.

9 Servir les wonton

Répartissez la sauce d'accompagnement dans des soucoupes et servez-la avec les wonton, sans attendre.

Variations autour d'un thème : les wonton

Lorsque vous maîtriserez le pliage et le remplissage des wonton (p. 123), n'hésitez pas à varier les ingrédients qui composent la farce. Essayez ces deux variantes végétariennes, ou celle, plus élégante à base de chair de crabe. Dans tous les cas, servez les wonton avec la même sauce d'accompagnement élaborée à partir de sauce soja et de gingembre. Chaque recette est prévue pour 6 personnes.

Wonton aux légumes

Dans cette délicieuse farce, version végétarienne, les carottes et les shiitakes remplacent le porc haché.

Suivez la recette des wonton (p. 123), en remplaçant la farce par la suivante.

Remplissez une casserole d'eau aux trois quarts et portez à ébullition. Ajoutez 1 cuill. à café de sel, 375 g de chou chinois en lamelles, 6 chapeaux de shiitakes frais et 125 g de carottes coupées en lanières. Portez à nouveau l'eau à ébullition et faites cuire les légumes 1 minute, puis égouttez-les dans une passoire. Pressez-les avec les mains pour extraire le plus d'eau possible.

Mettez les légumes blanchis dans le bol d'un robot, équipé de sa lame métallique et hachez-les finement. Ajoutez 2 oignons nouveaux hachés (bulbe et partie verte tendre), 1 cuill. à soupe de gingembre frais, pelé et râpé, 2 cuill. à soupe de sauce soja et 2 cuill. à café de fécule de maïs. Mixez jusqu'à ce que les ingrédients soient mélangés et que la farce se tienne. Vérifiez l'assaisonnement.

Wonton aux champignons

Dans cette farce, les champignons, les oignons nouveaux et une pointe d'ail remplacent le porc et le chou.

Suivez la recette des wonton (p. 123), en remplaçant la farce par la suivante.

Faites chauffer dans une poêle 2 cuill. à soupe d'huile d'arachide ou de colza sur feu moyen. Ajoutez 20 g d'oignon nouveau haché (bulbe et partie verte tendre) et 1 cuill. à café d'ail haché. Faites cuire environ 1 minute. Incorporez 180 g de shiitakes ou de champignons de Paris en lamelles et faites revenir 10 minutes, jusqu'à ce que l'eau de végétation soit évaporée, et que les champignons soient tendres. Laissez refroidir légèrement.

Versez le mélange dans le bol d'un robot, équipé de sa lame métallique et hachez-le finement. Transférez-le dans un saladier et incorporez-y 2 cuill. à soupe de sauce soja, puis 1 cuill. à café de fécule de maïs. Si la farce est trop humide pour se tenir, incorporez 1 cuill. à café de fécule supplémentaire. Vérifiez l'assaisonnement.

Wonton au crabe

Dans cette variante, la chair de crabe remplace le porc haché.

Suivez la recette des wonton (p. 123), en remplaçant la farce par la suivante.

Préparez et faites blanchir 1/2 chou chinois. Pressez-le avec les mains pour extraire le plus d'eau possible.

Mettez le chou blanchi dans le bol d'un robot, équipé de sa lame métallique, et hachez-le finement. Ajoutez 2 oignons nouveaux hachés (bulbe et partie verte tendre), 1 cuill. à soupe de gingembre frais, pelé et râpé, 250 g de chair de crabe cuite, hachée et débarrassée de tout fragment de carapace ou de cartilage, 2 cuill. à soupe de sauce soja et 2 cuill. à café de fécule de maïs. Mixez jusqu'à ce que les ingrédients soient mélangés et que la farce se tienne. Vérifiez l'assaisonnement.

POUR 4 PERSONNES

220 g de nouilles de riz sèches plates

Pour la sauce

4 cuill. à soupe de nam pla ou de nuoc mâm

2 cuill. à soupe de jus de citron vert

2 cuill. à soupe de sucre

2 cuill. à soupe d'huile d'arachide

250 g de crevettes, décortiquées et déveinées

3 gousses d'ail finement hachées

3 pincées de piment en poudre

3 gros œufs, légèrement battus

125 g de germes de soja

30 g de cacahuètes grillées, non salées et grossièrement hachées

50 g d'oignons nouveaux, finement émincés (bulbe et partie verte tendre)

20 g de coriandre fraîche hachée

10 g de basilic ou de menthe, en chiffonnade

Pad thaï

Ces nouilles à la thaïlandaise sont une symphonie de saveurs et de textures : notes sucrées, arômes salés de la sauce de poisson, touche acidulée du jus de citron vert, côté épicé du piment ; croquant des arachides et des germes de soja et sensation tendre en bouche des nouilles de riz, des œufs et des crevettes. Le tout est parsemé de verdure (notamment coriandre et basilic) pour encore plus de couleur et de saveur.

1 Faire tremper les nouilles

Remplissez une casserole d'eau aux trois quarts et portez à ébullition. Retirez-la du feu, car si vous faites cuire les nouilles sur le feu, elles seront trop molles. Plongez les nouilles dans l'eau et remuez bien. Laissez tremper environ 30 minutes, jusqu'à ce qu'elles soient tendres. Égouttez-les dans une grande passoire.

2 Préparer la sauce

Dans un bol, mélangez le nam pla, le jus de citron et le sucre. Remuez à la fourchette jusqu'à dissolution du sucre. Réservez la sauce à portée de main.

3 Faire sauter les ingrédients

Placez un grand plat au four à 95 °C (th. 2-3). Posez une grande poêle ou un wok sur feu plutôt fort. Lorsqu'elle est chaude, versez l'huile et faites-la chauffer. Ajoutez les crevettes, l'ail et le piment et remuez avec une spatule en bois environ 1 minute, jusqu'à ce que le mélange soit odorant. Ajoutez les œufs et faites cuire environ 30 secondes sans y toucher. Remuez-les ensuite pour obtenir des œufs brouillés. Ajoutez la sauce préparée et les nouilles égouttées et faites cuire 2 minutes en remuant constamment, jusqu'à ce que les ingrédients soient bien mélangés. Incorporez la moitié des germes de soja, des cacahuètes et des oignons nouveaux. Faites cuire 1 minute de plus, en remuant, jusqu'à ce que les ingrédients soient chauds et bien mélangés. Le reste des germes de soja, des cacahuètes et des oignons servira à parsemer le plat, juste avant de le servir.

4 Rectifier l'assaisonnement de la sauce

Goûtez le mélange. S'il est fade, ajoutez un peu de nam pla ou de jus de citron. S'il n'est pas assez épicé, ajoutez un peu de piment. Incorporez chacun des condiments par petite quantité jusqu'à ce que les saveurs soient bien équilibrées.

5 Dresser et servir le plat

Avec une grande cuillère ou une spatule, transférez les nouilles dans le plat chaud. Parsemez-les de coriandre et de basilic, puis du reste des germes de soja, des cacahuètes et des oignons nouveaux. Servez sans attendre.

Nouilles de riz vietnamiennes au poulet grillé

Ces nouilles asiatiques proches du vermicelle constituent une base neutre parfaite pour les légumes et les herbes aromatiques crus. La sauce, un savoureux mélange d'ingrédients typiques du Sud-Est asiatique, rehausse aussi bien la salade de nouilles aux légumes que le poulet grillé qui l'accompagne.

1 Préparer la sauce

Dans un bol, mélangez le gingembre, le piment (1 seule cuillerée, si vous n'aimez pas les plats trop épicés), l'ail, le vinaigre, le jus de citron, le nuoc mâm et le sucre jusqu'à dissolution du sucre. Goûtez la sauce : elle doit être à la fois épicée, acidulée, salée et sucrée. Rectifiez l'équilibre des saveurs en ajoutant l'un ou l'autre des ingrédients par petite quantité.

2 Faire mariner le poulet

Mettez les blancs de poulet dans un saladier et arrosez-les de 2 cuillerées à soupe de sauce. Retournez le poulet pour bien l'enrober de sauce, couvrez et laissez-le au réfrigérateur jusqu'au moment de le cuire.

3 Préparer le reste des ingrédients

Remplissez une casserole d'eau aux trois quarts et portez à ébullition. Retirez-la du feu, car si vous faites cuire les nouilles sur le feu, elles seront trop molles. Avec les mains, cassez les nouilles en morceaux de 10 cm de longueur. Plongez-les dans l'eau et remuez bien. Laissez tremper environ 30 minutes, jusqu'à ce qu'elles soient tendres. Égouttez-les dans une grande passoire. Dans un saladier, mélangez bien les germes de soja, les carottes, le concombre, les oignons nouveaux, la menthe et la coriandre.

4 Cuire le poulet

Posez une poêle à fond épais sur feu plutôt fort. Lorsqu'elle est chaude, badigeonnez-la d'huile avec un pinceau à pâtisserie. Mettez le poulet dans la poêle et faites-le dorer 3 à 4 minutes. Retournez-le et faites cuire l'autre face 3 à 4 minutes, en vérifiant avec la pointe d'un couteau que le centre n'est plus rosé. Transférez le poulet sur une planche à découper et, avec un couteau bien tranchant, coupez-le en biais, en lamelles de 5 mm d'épaisseur. Couvrez les lamelles de papier d'aluminium pour les maintenir à température.

5 Dresser et servir le plat

Mettez les nouilles dans le saladier de légumes et d'herbes et mélangez bien. Ajoutez environ 2 cuillerées à soupe du reste de la sauce et remuez à nouveau pour bien enrober le tout. Répartissez la préparation en 4 assiettes. Disposez par dessus les lamelles de poulet chaud. Arrosez du reste de la sauce et servez sans attendre.

POUR 4 PERSONNES

Pour la sauce

- 2 cuill. à soupe de gingembre frais, pelé et râpé
- 1 ou 2 cuill. à café de piment vert ou rouge frais haché
- 1 cuill. à café d'ail, finement haché
- 5 cuill. à soupe de vinaigre de riz blanc
- 3 cuill. à soupe de jus de citron frais
- 3 cuill. à soupe de nuoc mâm
- 1 cuill. à soupe de sucre

- 500 g de blancs de poulet entiers, sans peau
- 225 g de nouilles de riz
- 180 g de germes de soja
- 100 g de carottes, pelées et coupées en lanières
- 150 g de concombre, non pelé et coupé en demi-rondelles
- 50 g d'oignons nouveaux hachés (bulbe et partie verte tendre)
- 10 g de menthe fraîche hachée
- 10 g de coriandre fraîche hachée
- 1 cuill. à soupe d'huile d'arachide

LE TRUC DU CHEF

L'odeur du nuoc mâm est très forte telle quelle… mais, incorporée à un plat (type vietnamien ou thaï), elle lui confère une saveur intense, très agréable.

Nouilles chinoises au porc et à la sauce arachide

Couramment consommées dans de nombreuses contrées chinoises, les nouilles de blé sont souvent associées à de la viande. Cette version associe le porc haché et un mélange équilibré de sauce hoisin douce, de beurre de cacahuète onctueux, de sauce soja salée, soulignée d'une touche de piment. L'oignon nouveau apporte également de la couleur.

POUR 4 PERSONNES EN PLAT PRINCIPAL
OU 6 PERSONNES EN ENTRÉE

Pour la sauce

25 cl de bouillon de volaille non salé

4 cuill. à soupe de sauce hoisin

2 cuill. à soupe de sauce soja

1 cuill. à soupe d'huile d'arachide

375 g de porc haché

2 pincées de piment en poudre

100 g d'oignons nouveaux hachés, bulbes et partie verte tendre, plus un peu pour servir (facultatif)

1 cuill. à soupe d'ail finement haché

1 cuill. à soupe de gingembre frais, pelé et râpé

2 cuill. à soupe de beurre de cacahuète

500 g de fines nouilles chinoises fraîches aux œufs

1 cuill. à café d'huile pimentée

1 Préparer la sauce

Dans un bol, mélangez le bouillon, la sauce hoisin et la sauce soja. Posez une poêle de 30 cm de diamètre sur feu moyen et versez-y l'huile d'arachide. Lorsqu'elle est chaude, ajoutez le porc haché et le piment en poudre. Faites cuire environ 10 minutes, en remuant souvent, jusqu'à ce que la viande forme des « grumeaux » et ne soit plus rosée. Ajoutez la moitié des oignons nouveaux, l'ail et le gingembre et mélangez bien. Versez le contenu du bol et ajoutez le beurre de cacahuète. Remuez bien et faites cuire jusqu'à ce que de petites bulles se forment à la surface. Faites cuire environ 5 minutes de plus, jusqu'à ce que le beurre de cacahuète ait fondu et que la sauce ait légèrement épaissi. Retirez la casserole du feu.

2 Rectifier l'assaisonnement

Goûtez la sauce. Si elle est fade, ajoutez un peu de sauce hoisin ou de sauce soja. Si elle n'est pas assez épicée, ajoutez un peu de piment. Incorporez chacun des condiments par petite quantité jusqu'à l'équilibre des saveurs. N'oubliez pas que le goût sera atténué lorsque la sauce sera mélangée avec les nouilles.

3 Cuire et égoutter les nouilles

Placez les assiettes dans le four à 95 °C (th. 2-3). Remplissez un faitout d'eau aux trois quarts et portez à ébullition. Ne salez pas l'eau. Ajoutez les nouilles en une fois et remuez doucement. Faites-les cuire 2 à 3 minutes, jusqu'à ce qu'elles soient tendres, mais encore élastiques. Pendant qu'elles cuisent, réchauffez la sauce sur feu doux. Égouttez les nouilles dans une passoire et secouez pour éliminer un peu d'eau : les pâtes doivent rester humides pour ne pas coller entre elles.

4 Mélanger les nouilles et la sauce

Mettez les nouilles égouttées dans la poêle contenant la sauce. Avec 2 cuillères ou spatules en bois, mélangez-les jusqu'à ce qu'elles soient bien enrobées. Ajoutez le reste des oignons nouveaux et l'huile pimentée. Mélangez.

5 Servir le plat

Avec les cuillères ou les spatules, répartissez les nouilles entre les assiettes chaudes. Décorez éventuellement d'oignon nouveau haché. Servez sans attendre.

Faitouts et passoires

Un grand récipient est indispensable pour cuire les pâtes. Optez pour un faitout de 8 litres en acier inoxydable, dont les deux poignées permettent de verser facilement les pâtes dans une passoire.
Si vous préparez souvent des pâtes, procurez-vous un faitout à passoire intégrée.
Sinon, une grande passoire à pied peut suffire.

Poêles et sauteuses

Une poêle de 30 cm de diamètre est assez grande pour y préparer la plupart des sauces et y mélanger ensuite 500 g de pâtes. Le modèle à bord évasé est encore plus pratique pour mélanger et remuer les aliments. Un revêtement antiadhésif est recommandé pour faire rissoler les wonton.
La sauteuse, à bord droit, est parfaite pour la sauce bolognaise (p. 49) et le wok est idéal pour faire sauter les nouilles asiatiques.

Casseroles

Une petite casserole (de 1 litre à 1,5 litre) et une casserole moyenne (environ 2 litres), en acier inoxydable ou émaillées sont indispensables.
Si vous ne résistez pas à une casserole en cuivre, veillez à ce que l'intérieur soit revêtu d'acier inoxydable.

Plats à gratin

Pour les lasagnes et les gratins de pâtes, utilisez un plat à four rectangulaire, si possible de 23 x 33 x 5 cm, en Pyrex, en porcelaine à feu, en céramique ou en fonte émaillée. Les plats à gratin ovales de 2 litres conviennent également.

Cuillères en bois et spatules

Pour remuer les sauces, utilisez une cuillère en bois à long manche solide et, pour déglacer une sauce à la viande, employez une spatule en bois à l'extrémité droite.
Deux grandes cuillères ou spatules en bois de même taille sont parfaites pour mélanger les pâtes et la sauce.

Les spatules en silicone résistant à une température de 260 °C conviennent pour les cuissons sur feu vif.

Cuillères métalliques et couverts de service

Utilisez une grande cuillère métallique pour servir les pâtes farcies ou les gratins et une spatule large pour les lasagnes. Une fourchette à pâtes (une sorte de cuillère bordée de « griffes ») facilite le service des pâtes longues.

Une écumoire métallique est parfaite pour sortir de l'eau les pâtes farcies et les tomates blanchies, tandis qu'une louche est indispensable pour prélever l'eau de cuisson destinée à rectifier la consistance d'une sauce.

La pince métallique est idéale pour prélever une pâte afin de vérifier sa cuisson, pour ôter les pâtes d'une passoire ou pour transférer *polpetti* et saucisses d'un récipient à un autre.

Pour se protéger

Ayez à portée de main des torchons épais, des gants isolants et des maniques de qualité qui protégeront vos mains de la chaleur des plats et de la vapeur brûlante.

Pour prendre des mesures

Vous aurez besoin d'une règle pour mesurer les abaisses de pâte destinées aux ravioli et la longueur des rubans de pâte fraîche.

Une cuillerée à café correspond exactement à la quantité de farce nécessaire pour les pâtes farcies.

Par ailleurs, une cuillère à glace de 5 cm de diamètre permet de prélever la bonne quantité de préparation pour former les *polpetti*.

Matériel divers

Divers autres ustensiles comme le presse-purée (pour les gnocchi), le fouet à main (pour la cuisson d'un roux), un thermomètre (pour vérifier la température de l'eau) et quelques torchons non pelucheux vous seront aussi fort utiles.

Glossaire

ABAISSE Pâte étendue et aplatie au rouleau à pâtisserie ou au laminoir.

BONITE (FLOCONS DE) Ces délicats flocons de couleur orangée, appelés *katsuobushi* au Japon, proviennent de la bonite (poisson de petite taille, proche du thon), séchée et fumée. Ils ont un goût et une odeur de poisson subtils et sont l'un des principaux ingrédients du bouillon de bonite, le dashi (p. 117). Ils se conservent dans un récipient hermétique placé dans un lieu frais et sec.

BOUILLON Vous pouvez le préparer vous-même en faisant cuire longuement de la volaille, du bœuf, du veau, ou des légumes dans de l'eau aromatisée, tenue à très petite ébullition. À défaut, utilisez du bouillon en poudre ou en tablettes. Dans ce cas, ne salez pas vos préparations, car les différents bouillons contiennent presque toujours suffisamment de sel. Les produits qui en sont dépourvus sont étiquetés : « sans ajout de sodium » ou « à faible teneur en sodium ». Vous pouvez vous les procurer dans les magasins de produits diététiques. Les bouillons se congèlent très bien.

CHAPELURE La chapelure fine est de la mie de pain sèche réduite en poudre. Elle est notamment utilisée pour donner de la tenue aux farces et pour recouvrir des gratins. On peut la fabriquer soi-même (voir « Le truc du chef », p. 87), mais elle est aussi commercialisée en sachets ou dans des boîtes en carton.

CHOU CHINOIS Il existe plusieurs variétés de chou chinois, mais deux seulement sont vendues en Europe : le pé-tsaï et le pak-choï. Le chou chinois est vendu cru ou en conserve (salé, sucré, ou vinaigré). Sa saveur douce et sa texture sont idéales pour les farces de wonton (p. 123).

COQUES Petits coquillages bivalves que l'on trouve dans la Manche et dans l'Atlantique. Vivant dans les fonds sableux, il est impératif de les faire tremper environ 12 heures dans de l'eau fortement salée pour qu'ils dégorgent leur sable. Rincez-les ensuite soigneusement à l'eau claire, puis préparez-les comme des moules.

COURGE BUTTERNUT De la famille des cucurbitacées, cette courge d'hiver a la peau jaune pâle et la chair jaune orangé. Elle est reconnaissable à sa forme allongée, évasée en un gros bulbe rond à une extrémité. Une fois cuite, sa chair délicieuse, tendre et dense, révèle des notes de beurre, et se déguste en purée ou en soupe très onctueuse. Choisissez-la de forme régulière, et sans taches. Conservez-la dans un endroit frais ou dans le panier à légumes de votre réfrigérateur. À défaut, vous pouvez utiliser de la citrouille (communément appelée potiron), parfois moins parfumée et plus aqueuse.

CRÈME FRAÎCHE Elle concentre les matières grasses du lait, soit 30 à 40 %, ainsi que de l'eau et d'autres éléments non gras. L'adjectif « fraîche » est ajouté pour préciser que la crème est crue (traitée par la chaleur) ou pasteurisée (traitée par la chaleur, mais non stérilisée). Elle peut être liquide ou épaisse.

Crème fraîche épaisse Crème qui a été pasteurisée, puis portée à maturation grâce à l'ajout de ferments naturels. Elle présente l'avantage de pouvoir bouillir sans se décomposer et de réduire lorsqu'on la chauffe.

Crème fraîche liquide ou fleurette Crème qui a été pasteurisée, mais non additionnée de ferments naturels. Elle tient bien à la cuisson et est idéale lorsqu'elle doit être fouettée. La crème fleurette est désignée ainsi par les professionnels pour nommer une crème fraîche liquide qui a seulement été pasteurisée.

DAIKON Plante potagère à la chair blanche, proche de la rave, offrant une saveur douce et une texture croquante. Cru, coupé en lamelles ou en rubans, le daikon est couramment employé pour les garnitures de salades ou de poissons. Cuit, il s'emploie comme le navet. On trouve parfois des germes de daikon, qu'il faut rincer soigneusement avant toute utilisation.

ÉCHALOTE Plante aromatique de la famille des liliacées. Elle n'a ni les mêmes saveurs ni les mêmes usages que les autres plantes de sa famille (oignon, ail, etc.). Les deux variétés d'échalote les plus connues sont l'échalote grise (d'Asie Centrale), idéale pour les sauces, et l'échalote de Jersey (d'Europe du nord, mais aujourd'hui massivement cultivée en Bretagne). Choisissez pour vos recettes des échalotes bien fermes.

FARINE Poudre obtenue en broyant et moulant des grains de blé ou d'autres céréales (sarrasin, seigle, maïs, etc.). Elle constitue la base des pains et des pâtes. Elle peut aussi être faite à partir de végétaux farineux eux-mêmes, comme les châtaignes, les différents pois, etc.

Farine de blé ou farine ordinaire Il existe deux sortes de blé : le blé dur, plus riche en gluten, et le blé tendre, ou froment, moins riche en gluten, mais contenant davantage d'amidon. La farine de type 45 (classification française) est un mélange des deux et convient à de nombreuses recettes, dont celle des pâtes et des nouilles. Si vous choisissez d'utiliser de la farine « tous usages » (ou farine ordinaire de type 55), vous obtiendrez des pâtes plus molles.

Farine de sarrasin (ou de blé noir) Issue de la mouture des graines d'une plante herbacée (le sarrasin), cette farine de couleur grise est employée dans cet ouvrage pour les nouilles soba. Préférez, si possible, la farine de sarrasin japonaise, dont les grains ont été polis avant mouture de façon à éliminer une partie de leur enveloppe sombre, ce qui donne une farine fine et particulièrement légère. La farine de sarrasin s'abîme très rapidement : conservez-la au réfrigérateur dans un récipient hermétique, ou utilisez-la à température ambiante.

FÉCULE La fécule, le plus souvent de pomme de terre, est en fait de l'amidon. En cuisine, on utilise aussi la fécule de maïs, et de tapioca. Cette poudre blanche est extraite des éléments de certains végétaux. Elle est presque impalpable en raison de sa finesse. Elle lie les sauces brunes en leur donnant un éclat soyeux. Rappelez-vous que son pouvoir épaississant est à peu près deux fois plus important que celui de la farine.

FROMAGES Acheter son fromage chez un fromager présente l'avantage de pouvoir, bien souvent, goûter le produit avant de l'acheter. Lorsque vous employez du fromage dans des pâtes, veillez à le râper au dernier moment : il conservera ainsi toute sa saveur et sa fraîcheur, que vous retrouverez dans le plat.

Chèvre Le terme « chèvre » désigne tous les fromages préparés uniquement avec du lait de chèvre et comprenant au moins 45 % de matières grasses (s'il répond à ces deux critères, le fromage peut alors porter la mention « pur chèvre »). Lorsqu'il est frais, le fromage de chèvre est doux, crémeux, légèrement acidulé et d'un blanc pur. Plus il s'affine, plus il devient sec et acquiert une saveur nettement plus intense. On trouve facilement dans le commerce du chèvre très frais vendu en pot ou légèrement affiné, sous forme de bûche.

Gorgonzola Fromage italien AOC (Appellation d'Origine Contrôlée) au lait entier de vache, ayant une pâte persillée, c'est-à-dire marbrée de taches bleues correspondant aux zones de moisissures. Il est doté d'une texture fondante et crémeuse, ainsi que d'une saveur complexe assez relevée et parfois légèrement piquante selon le degré d'affinage.

Gruyère D'origine Suisse (il est issu de la Gruyère, district du canton de Fribourg), ce fromage à pâte pressée cuite est aujourd'hui largement produit en France. Il est fabriqué à partir de lait de vache, comprend 45 % de matières grasses, et se caractérise par sa saveur douce et fruitée. Il fond facilement et dore les gratins. Ne le râpez qu'au moment de l'utiliser.

Mascarpone Ce fromage italien, frais, souple et onctueux est très riche en matières grasses (86 %). Il est préparé à partir de crème à 30 % de lait de vache ou de bufflonne, au lieu de lait entier. Il n'est que légèrement salé et sa texture se rapproche de celle de la crème fraîche. Il s'utilise aussi bien dans les recettes salées (ici, celles de pâtes) que sucrées (ex. : le tiramisu).

Mozzarella Fromage italien AOC (Appellation d'Origine Contrôlée) à pâte cuite filée, très doux. À l'origine, uniquement préparé avec du lait de bufflonne (52 % de matières grasses), il est aujourd'hui également préparé au lait de vache (la « mozzarelle »), mais il a moins de saveur. Il se présente sous forme de boule blanche luisante, car conservé dans du petit-lait ou de l'eau salée. Il s'emploie souvent fondu.

Parmesan *(Parmigiano-Reggiano)* Fromage italien AOC (Appellation d'Origine Contrôlée), à pâte pressée cuite, fabriqué à partir de lait de vache demi-écrémé. Son goût fruité, néanmoins salé et même parfois piquant, ainsi que sa texture granuleuse, sont idéales pour accompagner des pâtes et relever des farces. C'est également un ingrédient majeur du pesto.

Pecorino Fromage italien au lait de brebis, ayant une pâte pressée cuite ou crue. Son goût agréablement salé et piquant, et sa texture granuleuse sont parfaites pour les gratins. Il remplace souvent le parmesan, car son affinage est beaucoup plus rapide. Le *pecorino romano,* l'un des meilleurs, est celui que l'on trouve le plus facilement en France. Sa croûte doit être noire ou brune et sa pâte dure, couleur paille.

Ricotta Fromage frais italien, doux, crémeux et au goût légèrement acidulé, comprenant moins de matières grasses que les fromages cités ci-dessus (20 à 30 %). Il est élaboré à partir de petit-lait de vache, de brebis ou de chèvre, séparés ou mélangés. On l'utilise pour tartiner des toasts, dans des salades, des sauces destinées à accompagner des plats de pâtes ou dans la préparation, par exemple, des gnocchis.

GERMES DE SOJA Ces germes comestibles, constitués par la graine et sa tige, parfois appelés germes de haricot mungo, ont une texture croquante et rafraîchissante, idéale pour les plats de nouilles froides, ou les salades composées en été. Mesurant environ 5 cm, ils se composent d'une graine jaune-vert et d'une tige blanche. Conservez-les au réfrigérateur dans un récipient hermétique pendant 3 jours au maximum.

GINGEMBRE Le gingembre apporte une note épicée et fraîche aux recettes auxquelles il est incorporé, râpé le plus souvent, tout du moins cuisiné « à l'européenne ». Ce n'est pas une racine, mais un rhizome, sorte de tige souterraine, de la famille des zingibéracées. Les rhizomes de gingembre doivent être propres, blond-beige et présenter une peau lisse. Ils se conservent parfaitement au réfrigérateur. La poudre n'offre pas la même saveur.

HERBES Terme générique désignant différentes plantes potagères à feuilles vertes, mais aussi des aromates.

Conservez les herbes fraîches à tige, comme le basilic et le persil, au réfrigérateur dans un verre d'eau recouvert d'un sac en plastique (type sac congélation) : elles resteront fraîches plusieurs jours. Les herbes séchées se conservent dans un récipient hermétique, à l'abri de la lumière et de la chaleur, et perdent leur couleur, leur arôme et leur saveur au bout de 4 à 6 mois.

Basilic Plante aromatique de la famille des labiacées. Il est très utilisé dans la cuisine méditerranéenne, et en général, dans les préparations à base de tomate. C'est aussi l'assaisonnement de base de la soupe au pistou et du pesto. Le basilic doit toujours être ajouté au moment de servir, lorsqu'il est frais. Sinon, il se flétrit, car il supporte mal la déshydratation.

Coriandre Plante aromatique de la famille des ombellifères. C'est une herbe très parfumée, aux arômes musqués et citronnés, très présente dans la cuisine arabe et asiatique. Elle ressemble au persil plat, d'où ses autres appellations « persil arabe » et « persil chinois ». En cuisine, on utilise ses graines et ses feuilles, de préférence fraîches, et ajoutées en fin de recette. Séchées, elles perdent leur parfum.

Marjolaine Plante aromatique de la famille des labiées. Elle est très utilisée dans le bassin méditerranéen. Un peu plus légère que son cousin l'origan (appelé aussi « marjolaine sauvage »), la marjolaine parfume agréablement nombre de soupes. Son odeur et sa saveur rappellent la menthe et le basilic. Elle aromatise les préparations à la tomate et toutes sortes de mets à base de viande, de légume et de poisson.

Menthe Plante aromatique de la famille des labiacées. Elle est très odorante et rafraîchissante. La variété la plus courante est la menthe verte, ou douce, dont les feuilles donnent du goût aux sauces, mais il en existe environ 1 200 sur toute la planète ! Elle est surtout employée en Angleterre (pour la « mint sauce »), en Asie du Sud-Est dans la cuisine traditionnelle et dans les pays du Maghreb. Les feuilles de menthe séchées peuvent conserver toute leur saveur pendant environ deux ans si elles sont placées à l'abri de l'humidité et de la chaleur.

Origan Plante aromatique de la famille des lamiacées. C'est aussi une variété sauvage de la marjolaine, mais sa saveur est un peu plus prononcée que cette dernière. Très parfumé, âcre et épicé, frais ou séché, il est particulièrement adapté aux plats à base de tomate. On utilise ses branches pour aromatiser huiles et vinaigres.

Persil Plante aromatique de la famille des ombellifères. Il en existe deux variétés. On cultive l'une pour ses feuilles (le persil frisé, très vert, réservé surtout à garnir et décorer, et le persil plat, plus parfumé, dont les notes poivrées rehaussent notamment les soupes) et l'autre pour ses racines (le persil bulbeux, que l'on cuisine comme le céleri-rave et utilise dans les soupes). C'est un élément essentiel du bouquet garni.

Sauge Plante aromatique de la famille des labiées. Ses feuilles grisâtres et oblongues sont utilisées sèches ou fraîches et apportent aux plats une saveur piquante et amère. Il convient de l'employer avec des aliments tels que les viandes et les gibiers, en farces, marinades, ou salades, avec les saucisses, les fromages, la charcuterie et autres aliments gras.

Thym Plante aromatique de la famille des labiacées. Ses feuilles sont petites et d'un gris-vert ou blanc argenté. Il s'utilise aussi bien frais que sec, car il résiste bien à la cuisson. Son parfum floral agrémente tout type de soupes. Si vous l'utilisez en grandes quantités, détachez délicatement les feuilles en passant les doigts sur la tige. Lorsque le thym est frais, vous pouvez couper la tige et la mettre avec les feuilles. Mais lorsqu'il est sec, la tige est trop ligneuse pour être utilisée. C'est un élément essentiel du bouquet garni.

HUILES Corps gras liquide d'origine végétale ou animale. En cuisine, l'huile est surtout utilisée en tant qu'ingrédient pour l'élaboration des sauces (vinaigrette, mayonnaise, aïoli, etc.) ou en tant que liquide de cuisson. Elle peut aussi agir comme conservateur lorsqu'on y fait macérer des aliments. Il existe une grande variété d'huiles, utilisées différemment selon leur provenance alimentaire (olive, tournesol, colza, arachide, noix, maïs, sésame, etc.) et les apports divers qui en découlent, en termes de goût, de texture, d'arôme, de résistance à la chaleur, de bienfaits nutritionnels, etc. Il existe des huiles dites « pures » et d'autres dites « de mélange ». De même, on distingue les huiles de friture et d'assaisonnement (arachide, maïs, pépins de raisins, tournesol), et les huiles d'assaisonnement simple (olive, noix, colza, soja).

Huile d'arachide Huile de friture et d'assaisonnement qui résiste très bien à une forte chaleur (180 °C). Elle peut être réutilisée de nombreuses fois lorsque l'on prend le soin de la filtrer après chaque utilisation.

Huile d'olive Huile « tous usages », de qualité vierge extra, ou vierge : l'huile d'olive vierge extra est produite par première pression à froid des olives sans aucun additif, et a un taux d'acide oléique inférieur aux autres huiles d'olives vierges (moins de 1 g pour 100 contrairement à l'huile d'olive vierge courante, 3,3 g pour 100). Elle a un parfum fruité délicat très apprécié. L'huile d'olive simple sans mention particulière est le résultat d'un coupage d'huiles d'olive vierges et d'huiles d'olive raffinées. Elle résiste très bien à une forte chaleur (180 °C). Réservez les huiles vierge extra, très parfumées, aux assaisonnements et prenez des produits plus neutres pour la cuisson.

Huile de sésame Huile d'assaisonnement uniquement, produite par pression des graines de sésame, à la couleur ambrée et au parfum assez prononcé. Utilisez-la en petites quantités, au dernier moment, pour ajouter notamment une petite touche asiatique à vos vinaigrettes.

Huile à la truffe L'huile d'olive dans laquelle on a fait macérer de la truffe noire ou blanche prend l'arôme de cette dernière. Pour le préserver, arrosez le plat au moment de servir.

KONBU Algue comestible très présente dans la cuisine japonaise, appelée également « varech séché », à la couleur vert sombre presque noire et recouverte d'un résidu de sel blanc. On le fait sécher, puis le réhydrate pour parfumer ensuite des bouillons et des sauces, accompagner des poissons, etc. Son goût iodé prononcé aromatise le dashi japonais (p. 117).

NOUILLES Pâtes alimentaires à base, en général, de farine ordinaire, d'œufs et d'eau (la semoule de blé dur peut remplacer la farine, la farine, elle, peut être de blé, de riz ou de sarrasin). Elles se présentent sous forme de longs fils fins d'un jaune pâle. Comme les pâtes, elles peuvent être fraîches ou sèches. Dans cet ouvrage, le terme « nouilles » est employé pour désigner les pâtes issues de la cuisine sino-vietnamienne.

Nouilles fraîches aux œufs Présentant divers calibres, ces nouilles jaune pâle sont composées de farine de blé, d'eau et d'œufs. Pour les recettes de cet ouvrage, utilisez celles de 3 mm d'épaisseur.

Nouilles de riz Ces nouilles presque transparentes sont fabriquées avec de la farine de riz. Les nouilles plates mesurent entre 3 et 6 cm de large. Les plus fines, qui ressemblent à de petits spaghetti, sont aussi appelées « vermicelles de riz ». Ces nouilles ne cuisent pas sur le feu, mais dans de l'eau bouillante : il suffit de les-y laisser tremper selon le temps indiqué sur l'emballage du paquet.

Nori Algue comestible (varech), séchée, puis comprimée en feuilles fines. Sa couleur varie du vert foncé au brun rougeâtre. Le nori est souvent employé en garniture de nouilles soba, de riz ou de soupes, ou pour envelopper les sushi.

NUOC-MÂM Condiment de la cuisine vietnamienne, de couleur ambré foncé, préparé à partir d'eau salée dans laquelle ont fermenté au soleil de petits poissons. Il a un goût relevé et un arôme âcre. Le nam pla thaï est plus doux et plus pâle que le nuoc-mâm vietnamien.

OIGNON Plante potagère de la famille des liliacées, comme le poireau et l'ail. Ingrédient de base de la cuisine, il se consomme frais, demi-sec ou sec, cru ou cuit, comme légume, ingrédient de cuisson ou condiment. On trouve des oignons blancs, jaunes, verts (oignons nouveaux) et même rouges (les plus sucrés).

Oignon jaune C'est la variété la plus commune des oignons. Il est disponible toute l'année. Sa pelure fine est de couleur brun doré. De forme ronde, aplatie ou allongée, il doit être consommé cuit ; cru, son goût trop fort.

Oignon de printemps ou oignon nouveau Encore appelé « ciboule », c'est un oignon qui n'est pas arrivé à maturité, dont le bulbe blanc n'a pas encore grossi et dont les feuilles vertes sont longues et plates. Doté d'une saveur douce, il est très employé dans la cuisine asiatique.

Oignon rouge et rose Plus rare, il est disponible de juin à mars. Il est consommé surtout cru pour sa saveur sucrée qui s'atténue à la cuisson.

PANCETTA Très parfumée, cette charcuterie italienne, qui doit son nom au mot italien pancia (« ventre »), possède une texture soyeuse. On la produit en frottant un morceau de poitrine de porc avec un mélange d'épices, avant de le rouler et de le faire sécher pendant au moins 2 mois. Comme toutes les charcuteries italiennes, la pancetta se découpe en fines tranches avant d'être dégustée ou utilisée dans divers plats, comme le minestrone (p. 61). Vous pouvez la conserver au réfrigérateur au maximum 3 semaines.

PIGNONS DE PIN Ces petites graines extraites de la pomme du pin parasol (dit aussi « pin pignon ») ont une saveur délicate proche de celle de l'amande. D'une haute concentration en huile, les pignons rancissent rapidement. Conservez-les dans un récipient hermétique placé dans un endroit frais et sombre pour une courte période et au réfrigérateur ou au congélateur pour une période plus longue.

ROQUETTE Plante potagère de la famille des crucifères. Elle dégage une odeur forte et a un goût très prononcé. Ses fines feuilles d'un vert tendre offrent une délicieuse saveur poivrée. Elle est l'une des composantes du mesclun et s'emploie aussi dans les sauces accompagnant les pâtes.

SAUCE HOISIN Sauce d'un brun rougeâtre, à texture épaisse et au goût épicé, très utilisée en Chine et dans tout le Sud-Est asiatique. La sauce Hoisin est préparée en partie avec du soja, du vinaigre, du sucre et des épices. Elle est utilisée dans les marinades et permet de renforcer la saveur et la couleur d'autres sauces. Une fois le bocal ouvert, elle peut se garder très longtemps au réfrigérateur.

SAUCE SOJA Cette sauce noire, assez salée, est un condiment de base en Asie du Sud-Est et au Japon. Elle est faite à partir de graines de soja, de blé, d'eau et de sel, selon le procédé de fermentation souvent bien connu des sauces asiatiques. Elle s'utilise avec les mets asiatiques comme avec les poissons et la volaille, en général. Privilégiez les marques japonaises, pauvres en sel.

SEMOULE Ensemble de petits grains provenant de la mouture d'une céréale, essentiellement le blé dur (durum), mais aussi le riz (semoule blanche), le maïs (polenta) et le sarrasin (kacha). La semoule est principalement utilisée pour la fabrication des pâtes sèches. Pour les pâtes fraîches, préférez la semoule de blé fine à la semoule grossière, ou si vous en trouvez, de la farine de semoule de blé remoulue (à commander dans une épicerie fine). Elle demeure granuleuse une fois moulue et résiste mieux à la cuisson.

SOBA Issues d'un mélange de farine de sarrasin et de blé, ces nouilles japonaises sont de couleur grisâtre et s'achètent fraîches ou sèches.

VINAIGRES Liquide servant de condiment, obtenu par oxydation du vin ou d'une solution alcoolisée. Il en existe une grande variété dont les plus courantes sont le vinaigre de vin rouge ou blanc, balsamique ou de xérès, de cidre, de riz, de malt… Les vinaigres peuvent aussi être parfumés à l'estragon, à l'échalote, à la framboise, etc. Le vinaigre d'alcool est surtout utilisé pour les conserves. Dans une recette, en général, lorsqu'il n'est indiqué que « vinaigre », sans autres informations complémentaires, il s'agit de vinaigre de vin rouge.

Vinaigre de riz Le vinaigre de riz est obtenu par fermentation de vin de riz, et est très utilisé dans la cuisine sino-vietnamienne. Il apporte un peu d'acidité aux soupes, crudités, plats aigres-doux, et marinades. Il en existe plusieurs sortes : aromatisés au wasabi, au gingembre, aux flocons de bonite séchée, aux piments, au mirin, etc. Préférez-le cependant nature pour cuisiner.

Vinaigre de vin Le vinaigre de vin est obtenu par fermentation du vin qu'il soit blanc ou rouge. C'est le plus commun et sans doute le plus utilisé aujourd'hui. Le blanc se marie très bien avec les poissons, les crustacés, les marinades de viandes blanches, et certaines sauces comme la hollandaise et la béarnaise. Le rouge relève le goût des aliments un peu fades, des viandes rouges ou des salades.

WASABI Racine de raifort japonais. Habituellement servi avec les sushi et les sashimi, vous le trouverez en poudre à réhydrater ou en pâte directement consommable. On le sert aussi en condiment pour accompagner les nouilles japonaises.

ZESTE Partie superficielle colorée, de l'écorce des agrumes, riche en huiles parfumées. On prélève le zeste à l'aide d'un zesteur ou d'un couteau économe qui permet d'éviter la partie blanche et amère. Achetez des fruits non traités (mention portée sur les emballages) pour utiliser leur zeste en toute sécurité.

Index

Les termes en italique désignent des techniques.

Traduction : Annick De Scriba
Adaptation : Élisa Vergne

Direction éditoriale : Christophe Savouré
Édition : Bénédicte Bortoli, Marie Delas
Direction artistique : Laurent Quellet, Catherine Enault
Mise en page : Noir & Blanc

Première édition.
Dépôt légal : mai 2006.
ISBN 10 : 2-215-07860-X
ISBN 13 : 978-2-215-07860-X

L'éditeur remercie Anne-Laure Duplany et Clémentine Chasles.

Imprimé en Chine par SNP – Leefung Printers Limited

Auteur : Michele Scicolone
Direction de l'ouvrage : Chuck Williams
Stylistes : Alison Attenborough, assistée de Colin Flynn, Brittany Williams et Marina Malchin
Photographe : Jeff Kauck, assisté de Mario Jimenez
Crédits photographiques :
Jeff Kauck pour toutes les photographies, sauf :
Bill Bettencourt : pp. 33 (en bas, à droite), 40 (les champignons), 45 et 132 ; Mark Thomas : pp. 42, 43, 44 et 133 (en haut, à droite et à gauche).